Die Baufinanzierung

Der beste Weg zu
Haus oder Eigentumswohnung

Thomas Hammer

Thomas Hammer ist freier Wirtschaftsjournalist und hat für die Verbraucherzentrale bereits mehrere Ratgeber verfasst.

© Verbraucherzentrale NRW e.V., Düsseldorf
5. Auflage, aktualisiert,
Januar 2014, 43.–48. Tausend

ISBN 978-3-86336-037-5
Printed in Germany
Gedruckt auf 100 % Recyclingpapier

Inhalt

Vorwort

Den Traum von den eigenen vier Wänden zu verwirklichen ist
für viele Menschen ein wichtiges Lebensziel. In Zeiten einer
weltweiten Finanzkrise und bröckelnder Rentenansprüche rückt
aber auch die Funktion der eigenen Immobilie als Altersvorsorge
immer mehr in den Mittelpunkt. Dem hat mittlerweile auch der
Gesetzgeber Rechnung getragen, indem er die selbst genutzte
Immobilie mit der Einführung des sogenannten Wohn-Riesters
in den Kreis der Anlageformen aufgenommen hat, für die es im
Rahmen der staatlich geförderten privaten Altersvorsorge Zulagen
und Steuervorteile gibt. Denn wer im Alter keine Miete zahlen
muss, hat meist mehr Geld zum Leben. Seit Jahren günstige
Finanzierungskonditionen lassen die Finanzierungsraten außerdem
selbst bei kleinem Eigenkapital immer näher an das Mietniveau
vergleichbarer Wohnungen rücken. Da stellt sich mancher Mieter
die Frage: »Warum nicht langfristig in die eigene Tasche zahlen
und gleich Eigentum erwerben?«

Welche Beweggründe auch letztlich den Ausschlag geben – vor
dem Einzug in die eigene Immobilie haben alle zukünftigen
Eigentümer eine Reihe von Hürden zu überwinden. Gleich zu
Beginn der Planung steht wohl die höchste: »Wie bezahle ich das
Haus oder die Wohnung?« Diese Frage sollte tunlichst geklärt sein,
bevor Kauf- oder Bauvertrag geschlossen werden. Denn dabei
geht es nicht um »Peanuts«. Auch ohne besondere Luxuswünsche
erreichen die Kaufpreise oder Baukosten von Häusern und
Eigentumswohnungen heute schnell Summen von mehreren
Hunderttausend Euro. Allein aus dem »Eingemachten« ist das im
Normalfall nicht zu bestreiten. Die Suche nach einem Geldgeber,
der die Finanzierungslücke durch Kredite schließt, ist daher für die
allermeisten Bauherren und Käufer ein Muss.

Damit beginnt die Jagd nach einer möglichst günstigen und auf die
persönlichen Verhältnisse optimal abgestimmten Finanzierung.
Wer hier danebengreift, zahlt nicht nur unnötigerweise oft
Zigtausende Euro zuviel, sondern riskiert in Extremfällen sogar
den späteren Verlust der eigenen vier Wände wegen finanzieller
Probleme.

Verhindern können Sie dies, indem Sie sich das nötige Grundwissen zum Thema Baufinanzierung selbst aneignen. Nur so verstehen Sie die wichtigen Zusammenhänge und sind dem Fachchinesisch der Geldinstitute und Finanzierungsvermittler und deren oft vor allem am eigenen Verdienstinteresse ausgerichteten Angeboten nicht hilflos ausgeliefert. Ganz einfach ist die Materie zwar nicht zu verstehen, wer aber etwas Zeit und Mühe investiert, wird meist fürstlich belohnt. Denn an keiner Stelle lässt sich beim Eigentumserwerb so viel mit so geringem Aufwand sparen wie bei der Finanzierung.

Mit diesem Ratgeber möchten wir Ihnen das notwendige Handwerkszeug zur eigenständigen Planung und Umsetzung Ihrer Finanzierung liefern. Und zwar leicht verständlich und auf den Punkt gebracht aus der Sicht einer anbieterunabhängigen Verbraucherschutzorganisation.

Im Mittelpunkt stehen dabei
- die richtige finanzielle Planung Ihres Vorhabens,
- die Darstellung und kritische Betrachtung der verschiedenen Finanzierungsmöglichkeiten,
- konkrete Tipps, wie und wo Sie die günstigsten Angebote finden.

Ganz gleich, ob Sie sich erst einmal vorab zum Thema Baufinanzierung informieren wollen oder es bereits um die Bewertung konkret vorliegender Finanzierungsofferten geht, Sie finden in diesem Ratgeber die entsprechenden Informationen. Die für jeden Fall optimale Form der Finanzierung können auch wir Ihnen aber leider nicht liefern. Denn die richtige Lösung hängt immer von Ihren individuellen Voraussetzungen und Anforderungen ab – sowohl was die finanziellen Belange als auch die Eigenschaften der gewünschten Immobilie angeht. Sollten Sie Probleme haben, die richtige Finanzierungsstrategie konkret zu planen und umzusetzen, hilft die individuelle Baufinanzierungsberatung der Verbraucherzentralen. In persönlichen Beratungsgesprächen wird hier die Machbarkeit Ihrer Bau- oder Kaufpläne geprüft sowie – wenn das Ergebnis positiv ausfällt – ein konkretes persönliches Finanzierungskonzept entwickelt. Zudem liefern die Verbraucherzentralen Ihnen einen Überblick über die aktuell günstigsten Marktangebote.

Leider können auch wir nicht ganz auf die Verwendung von Fach-
ausdrücken verzichten. Eine kurze Erläuterung der Begriffe
finden Sie am Schluss des Ratgebers in unserem »Abc der Baufinanzierung«. Anhand dieser Zusammenstellung sollten Sie Ihre
»Vokabeln« lernen. Spätestens im Gespräch mit den potenziellen
Geldgebern werden Sie sehen, wie wichtig es ist, die Bedeutung
bestimmter Begriffe zu kennen.

Die in unserem Ratgeber enthaltenen Berechnungsbeispiele berücksichtigen meist einen Sollzins von 6 Prozent pro Jahr. Auch
wenn der Marktzins aktuell niedriger liegen sollte, können Sie nicht
davon ausgehen, dass diese Konditionen über die Gesamtlaufzeit der Finanzierung Bestand haben. Denn nach Ablauf der beim
Neuabschluss gewählten Zinsbindungsfrist werden die Karten neu
gemischt. Unter Umständen müssen Sie dann mit erheblich höheren Zinsen und entsprechend steigenden Belastungen rechnen. So
gab es in der Vergangenheit auch schon mal Zinssätze mit einer
Neun vor dem Komma. Kalkulieren Sie deshalb langfristig immer
auch einmal mit einem höheren Zins und schrauben Sie einfach in
Zeiten niedriger Zinsen die Tilgung nach oben, indem Sie beispielsweise statt mit 6 Prozent Zins plus 1 Prozent Anfangstilgung mit 4
Prozent Zins plus 3 Prozent Tilgung kalkulieren. Auf diese Weise
kommen Sie schneller von den Schulden herunter und entwickeln
ein Gefühl dafür, welche Belastung in Zukunft
auf Sie zukommen könnte. Würde eine teure
Anschlussfinanzierung Ihre Haushaltskasse
sprengen, gibt es nur eins: Schreiben Sie den
aktuellen Vertragszins – und damit auch die
Monatsrate – möglichst langfristig fest.

Die persönliche
Finanzierungsplanung

Ohne Moos nix los

Wer den Schritt in die eigenen vier Wände wagen will, sollte nicht unvorbereitet sein. Bevor Sie sich auf die Suche nach der richtigen Finanzierung begeben, ist unbedingt zu prüfen, ob Ihre finanziellen Möglichkeiten überhaupt ausreichen, um Ihre Pläne Wirklichkeit werden zu lassen. Die Antwort finden Sie nur über einen Weg: hinsetzen und rechnen. Dabei sollten Sie systematisch in mehreren Schritten vorgehen. Es gilt zu ermitteln,

⤏ wie viel das geplante Bau- oder Kaufvorhaben Sie insgesamt kosten wird;

⤏ wie viel Fremdgeld Sie zusätzlich zum bereits angesparten Eigenkapital benötigen;

⤏ ob die auf Sie zukommenden Belastungen mit dem Ihnen zur Verfügung stehenden Einkommen überhaupt zu tragen sind.

Nicht auf Bankberechnungen verlassen

Die ganze Rechnerei nehmen Ihnen im Rahmen eines Beratungsgesprächs zwar auch die Geldinstitute oder ein Finanzierungsvermittler ab. Wie Marktuntersuchungen immer wieder zeigen, ist die Qualität der Beratung allerdings recht unterschiedlich. Nicht selten werden die Gesamtkosten des Immobilienerwerbs oder Ihre laufenden Haushaltsausgaben zu niedrig angesetzt. Außerdem geht oft der Blick nicht über die erste Zinsbindungsphase hinaus, was bei später steigenden Zinsen massive finanzielle Probleme zur Folge haben kann. Eins sollten Sie zudem nie vergessen: Die Anbieter leben davon, Baufinanzierungen zu verkaufen. Da wird – vor allem bei provisionsabhängigen Vermittlern – auch schon mal was hingebogen, wo eigentlich ein klares Nein die richtige Antwort wäre.

Setzen Sie sich also lieber erst einmal selbst hin und stellen Sie Ihre eigene Kalkulation auf. Schließlich kennt niemand Ihre finanzielle Situation besser als Sie selbst. Als Hilfestellung bieten wir Ihnen auf den folgenden Seiten eine Reihe von Checklisten, die Sie Schritt für Schritt zum Ziel führen. Erläuterungen zu den einzelnen Positionen werden Ihnen helfen, die einzelnen Beträge richtig anzusetzen.

Fühlen Sie sich dennoch unsicher, besteht immer noch die Möglichkeit, einen Termin mit einem Baufinanzierungsberater der Verbraucherzentralen zu vereinbaren. Hier erhalten Sie gegen ein Beratungsentgelt qualifizierte Hilfe, und zwar unabhängig und frei von jeglichem Verdienstinteresse.

Tipp

Bevor Sie loslegen: Lassen Sie sich durch den verständlicherweise starken Wunsch nach den eigenen vier Wänden nicht dazu verleiten, die Kosten oder Ihre finanziellen Möglichkeiten zu optimistisch einzuschätzen! Spätestens wenn Ihnen die Belastungen über den Kopf wachsen, werden Sie erkennen, wie verhängnisvoll dieser Fehler sein kann. Zigtausende von Zwangsversteigerungen in jedem Jahr sprechen da eine deutliche Sprache.

Ermittlung des Finanzierungsbedarfs

Bevor Sie sich auf die Suche nach einer Finanzierung begeben, müssen Sie wissen, wie viel Geld Sie brauchen, um Ihr Bau- oder Kaufvorhaben durchzuführen. Und zwar zum einen insgesamt und zum anderen als Kredit vom Baufinanzierer.

In drei Schritten kommen Sie zum Ergebnis:
1. Ermittlung der Gesamtkosten (Checkliste 1, Seite 12),
2. Ermittlung des verfügbaren Eigenkapitals (Checkliste 2, Seite 18),
3. Ermittlung des Finanzierungsbedarfs (Checkliste 3, Seite 20).

Ermittlung der Gesamtkosten

Der erste Schritt bringt Ihnen Klarheit darüber, wie viel Geld Sie insgesamt investieren müssen, um in die eigenen vier Wände zu kommen.

Die Checkliste 1 (Seite 12) hilft Ihnen, sämtliche mit dem Eigentumserwerb verbundenen Ausgaben zu erfassen.

Kosten für Kauf- oder Bauvorhaben
Ein Teil der Kosten ist in Art und Höhe davon abhängig, ob Sie bauen oder ein Haus bzw. eine Eigentumswohnung kaufen wollen. Steigen Sie deshalb je nach Vorhaben unter A oder B in die Tabelle ein.

A) Kaufvorhaben
Als Käufer einer gebrauchten Immobilie müssen Sie in der Regel damit rechnen, dass neben dem **Kaufpreis** auch **Modernisierungskosten** – zum Beispiel bei einer veralteten Heizungsanlage oder einem reparaturbedürftigen Dach – auf Sie zukommen. Ins-

Zusatzkosten nicht vergessen

Checkliste 1
Ermittlung der Gesamtkosten

	A **Kaufvorhaben**		B **Bauvorhaben**	
	Kaufpreis	_____	Kaufpreis des Grundstücks	_____
+	Grunderwerbsteuer	_____	+ Grunderwerbsteuer	_____
+	Modernisierungs-kosten	_____	+ Maklergebühr	_____
+	Maklergebühr	_____	+ Notar- und Grundbuch-kosten für Kaufabwick-lung/Eigentumsüber-tragung	_____
+	Notarkosten für Kaufabwicklung	_____	+ Baukosten des Hauses inklusive Außenanlagen	_____
+	Grundbuchgebühren für Eigentumsüber-tragung	_____	+ Erschließungs- und Vermessungskosten	_____
			+ Kosten für Architekt, Baugenehmigung und Statik	_____
			+ Bereitstellungszinsen	_____
	Zwischensumme A	_____	Zwischensumme B	_____

C Kosten der Finanzierung

	Notar- und Grundbuchgebühren für Sicherheitenbestellung	_____
+	Schätzkosten	_____
	Zwischensumme C	

D Sonstige Kosten

	Kosten für notwendige zusätzliche Anschaffungen (Möbel etc.)	_____
+	Umzugskosten	_____
+	Beiträge zur Berufsgenossenschaft	_____
+	sonstige Ausgaben	_____
	Zwischensumme D	

Gesamtkostenermittlung

	Zwischensumme A oder B	_____
+	Zwischensumme C	_____
+	Zwischensumme D	_____

Gesamtkosten Kauf- oder Bauvorhaben _____

besondere bei älteren Objekten ist der Zusatzaufwand nicht zu unterschätzen. Um auf Nummer Sicher zu gehen, sollten Sie einen Fachmann, etwa einen Bausachverständigen oder einen erfahrenen Handwerker, einschalten, der den Renovierungs- und Modernisierungsbedarf ermittelt und die zu erwartenden Kosten kalkuliert.

Mit dem reinen Kaufpreis ist es auch bei neuen Immobilien nicht getan. So hält bei jedem Eigentumserwerb der Fiskus die Hand auf. Je nach Bundesland schlägt die **Grunderwerbsteuer mit 3,5 bis 6,5 Prozent** zu Buche. Was die Gesamtkosten um Tausende Euro erhöht.

Grunderwerbsteuer berücksichtigen

Ebenso beträchtliche Zusatzkosten entstehen bei einem Kauf immer dann, wenn ein Makler eingeschaltet wird. Je nachdem, in welchem Bundesland das Geschäft läuft, fällt die auch als Courtage bezeichnete **Maklergebühr** unterschiedlich hoch aus: Während Rheinländer und Westfalen in der Regel 3,57 Prozent des Objektkaufpreises auf das Maklerkonto überweisen müssen, erwischt es Immobilienkäufer in Berlin mit 7,14 Prozent doppelt so stark. Welcher Courtagesatz in Ihrem Fall gilt, erfahren Sie bei den Geldinstituten oder vor Ort bei einem Makler.

Maklergebühren nicht überall gleich

Die durch die Abwicklung der Eigentumsübertragung anfallenden Ausgaben müssen ebenfalls in die Ermittlung der Gesamtkosten einbezogen werden. Denn auch bei den **Notarkosten** und den **Gebühren für die Grundbucheintragung** geht es nicht um »Peanuts«. Der Notar berechnet seine Auslagen für die Beurkundung des Kaufvertrags und die gesamte Abwicklung des Geschäfts anhand von festen Gebührensätzen, die sich an der Höhe des Objektkaufpreises orientieren. Ebenso ermitteln die Grundbuchämter die Gebühren für die Übertragung des Eigentums. Falls Sie keine Kenntnis über die genauen Notarkosten und Grundbuchgebühren haben sollten, berücksichtigen Sie in Ihren Berechnungen einen Pauschalbetrag von etwa 1,5 Prozent des Kaufpreises für die gesamte Abwicklung des Objektkaufs.

Auch Notar und Gericht verursachen Kosten

B) Bauvorhaben

Als zukünftiger Bauherr sollten Sie zunächst den **Kaufpreis des Grundstücks** sowie die Baukosten des Hauses ermitteln. Sind Sie bereits glücklicher Besitzer eines Baugrundstücks, müssen Sie dessen Wert bei der Berechnung der Gesamtkosten natürlich nicht mehr berücksichtigen.

Kosten, die zusätzlich zum Kaufpreis anfallen

Muss die eigene Scholle erst noch erworben werden, dann sind im Rahmen der Kalkulation nicht nur der Kaufpreis, sondern auch die **Grunderwerbsteuer** in Höhe von 3,5 bis 6,5 Prozent und **Grundbuch- und Notarkosten** von etwa 1,5 Prozent des Preises zu berücksichtigen. Unter Umständen kann zudem auch eine **Maklergebühr** anfallen.

Hohe Erschließungskosten beachten

Stets prüfen sollten Sie außerdem, ob für das zu bebauende Grundstück noch **Erschließungsgebühren** oder sonstige Anschlusskosten zu entrichten sind. Diese belaufen sich oft auf einige Tausend Euro und dürfen daher bei Ihren Berechnungen nicht außen vor bleiben.

Sicherheitspuffer einbauen

Der größte Anteil an den Gesamtkosten eines Bauvorhabens entfällt natürlich auf die **Baukosten.** Erstellt ein Unternehmer das Haus zum Festpreis, dann können Sie diesen Betrag in die Checkliste einsetzen. Nehmen Sie aber die Bauleitung selbst in die Hand, ist es schwierig, alle entstehenden Material- und Handwerkerkosten richtig abzuschätzen. Hilfe kann Ihnen hier Ihr Architekt leisten. Beachten Sie, dass sich die Baukosten meist erst dann einigermaßen genau ermitteln lassen, wenn der endgültige Entwurf Ihres Hauses steht. Zu Beginn der Planung erstellte Kostenschätzungen können recht ungenau sein und sind daher als Kalkulationsgrundlage mit Vorsicht zu genießen.

Prüfen Sie auch, ob in den Baukosten alle Sonderwünsche sowie die **Kosten der Außenanlagen** enthalten sind. Ist das nicht der Fall, so müssen Sie die zusätzlich notwendigen Aufwendungen hinzurechnen.

Weitere nicht unerhebliche Ausgaben entstehen Ihnen durch den **Architekten,** das **Einholen der Baugenehmigung** und die

Überprüfung der Baustatik. Genaue Angaben hierzu kann ebenfalls Ihr Architekt machen.

Berücksichtigen Sie auch, dass bereits während der Bauphase
Zinszahlungen anfallen. Und zwar nicht nur für die schon abgerufenen Darlehensbeträge. Viele Kreditinstitute verlangen zusätzlich
sogenannte Bereitstellungszinsen auf den noch nicht ausgezahlten
Teil des Kredits. Der Zinssatz liegt in der Regel bei 0,25 Prozent
pro Monat bzw. 3 Prozent pro Jahr, und die Berechnung startet
nach unterschiedlichen Karenzzeiten, meist zwei bis sechs Monate
nach Vertragsabschluss. Bei hohen Darlehensbeträgen und langer
Bauzeit belasten so schnell einige Tausend Euro zusätzlich das
Budget.

**Bereitstellungszinsen beim
Hausbau einkalkulieren**

C) Kosten der Finanzierung

Sind die von der Frage »Kaufen oder bauen?« abhängigen Ausgaben erfasst, sollten Sie als nächstes die Summe der Beträge
ermitteln, die immer dann anfallen, wenn Sie sich einen Teil der
benötigten Mittel bei einem Geldinstitut beschaffen müssen: die
Kosten der Finanzierung. Dabei geht es nicht um die laufenden
Zins- und Tilgungsraten, sondern um die Ausgaben, die anfallen,
bis die Finanzierung unter Dach und Fach ist.

Denn Ihre Kreditgeber stellen Ihnen den gewünschten Geldbetrag
natürlich nicht einfach so zur Verfügung. Sie wollen Sicherheiten
sehen. Bei der Finanzierung von Immobilien sichern sich die Institute für den Fall eines Falles durch die Eintragung einer Hypothek
oder Grundschuld in Höhe des gewährten Darlehensbetrags im
Grundbuch ab – hierzu mehr in Kapitel 2 (Seite 37). Diese sogenannte Sicherheitenbestellung muss über einen Notar abgewickelt
werden. Und der arbeitet nicht umsonst. Genauso wie das Grundbuchamt, das für die notwendige Eintragung der Grundschuld im
Grundbuch zuständig ist. Die **Notarkosten für die Sicherheitenbestellung** und die **Gebühren des Grundbuchamts** erhöhen Ihre
Gesamtkosten um einen Betrag von insgesamt etwa 0,5 Prozent
des benötigten Darlehensvolumens – nicht des Objektpreises.

**Eintragung von Hypothek
oder Grundschuld kostet
Geld**

Das Problem: Sie sind gerade erst dabei, Ihren Finanzierungsbedarf zu ermitteln, und kennen deshalb den Umfang der

Tipp

Manche Banken verlangen noch immer sogenannte Wertermittlungsgebühren, mit denen die Prüfung der Werthaltigkeit der zu finanzierenden Immobilie abgedeckt werden soll. Dies ist jedoch nach mehreren einschlägigen Gerichtsurteilen nicht mehr zulässig. Begründung der Richter: Die Wertermittlung erfolgt ausschließlich im Interesse der Bank, und daher muss sie bei der Finanzierung auch den Aufwand allein tragen. Eines der maßgebenden Urteile hierzu fällte das Oberlandesgericht Düsseldorf am 5.11.2009, Aktenzeichen I-6 U 17/09.

Zusatzkosten nicht unterschätzen

Auch kostenlose Helfer müssen versichert werden

erforderlichen Fremdmittel noch nicht genau. Es bleibt Ihnen deshalb nichts anderes übrig, als das Darlehensvolumen so genau wie möglich abzuschätzen und 0,5 Prozent dieses Werts in die Checkliste einzutragen.

D) Sonstige Kosten

In einer ruhigen Stunde sollten Sie möglichst genau aufstellen, was an sonstigen Ausgaben durch den Kauf bzw. Bau Ihrer eigenen vier Wände auf Sie zukommt. Passen zum Beispiel Ihre **Möbel** in die neue Wohnung oder müssen Sie Neuanschaffungen tätigen? Welche anderen Ausstattungsgegenstände, die nicht im Kaufpreis oder in den Baukosten enthalten sind, werden benötigt? Allein Vorhänge und Lampen können Tausende Euro verschlingen. Welche Kosten entstehen durch den **Umzug?** Überlegen Sie gut und tragen Sie die Summe dieser Zusatzkosten ein. Falls Sie deren Höhe nicht genau abschätzen können: Rechnen Sie großzügig und setzen Sie einfach einen nicht zu knapp bemessenen Schätzungszuschlag mit an. Das bewahrt Sie vor bösen Überraschungen. Generell ist es empfehlenswert, bei Neubauvorhaben eine Mehrkosten-Reserve von 10 Prozent einzuplanen, wenn es sich nicht um ein schlüsselfertiges Haus zum Festpreis handelt.

Wer beim Bau oder bei der Renovierung auf die kostenlose Hilfe von Freunden und Verwandten setzt, darf eins nicht vergessen: Die Helfer müssen bei der **Berufsgenossenschaft** gemeldet werden, die für den Unfallversicherungsschutz auf der Baustelle sorgt. Selbst wenn die Anmeldung versäumt wird, genießen die Helfer zwar automatisch Unfallschutz. Dem Bauherrn droht dann aber eine saftige Geldstrafe. Wird eine Baugenehmigung beantragt, kommt das Meldeformular von selbst ins Haus. Denn die Berufsgenossenschaft erhält automatisch eine Mitteilung. Für jede geleistete Arbeitsstunde muss ein Beitrag von 1,50 bis 2 Euro gezahlt werden. Nur der Bauherr und sein Ehepartner sind frei, allerdings auch nicht unfallversichert. Wird ein Großteil der Arbeiten von Freunden und Verwandten durchgeführt, kann schnell ein vierstelliger Eurobetrag als Beitrag anfallen. Und der sollte von vornherein als Ausgabe einkalkuliert sein.

Gesamtkosten des Kauf- oder Bauvorhabens

Durch die Addition der ermittelten Zwischensummen erhalten Sie nun den Betrag der Gesamtkosten, die bei einer Realisierung Ihres Bau- oder Kaufvorhabens in etwa aufzubringen sind.

In der Regel muss davon ein nicht unbeträchtlicher Teil aus der eigenen Tasche fließen. Die Kreditgeber sind nur in Ausnahmefällen bereit, sämtliche Kosten auf Pump zu finanzieren. Diese Zurückhaltung liegt allerdings auch im Interesse des Kreditnehmers, denn die hohen Folgebelastungen solcher 100-Prozent-Finanzierungen sind im Normalfall nur von Spitzenverdienern zu schultern. Wenn Sie hierzu nicht gehören, müssen Sie Eigenkapital mitbringen, um in die eigenen vier Wände zu kommen. Mindestens 20 Prozent, besagt eine Faustformel. Je nach Ihrer finanziellen Belastbarkeit kann der tatsächliche Bedarf an Eigenkapital allerdings höher oder niedriger ausfallen. Damit Sie wissen, mit welchem Eigenanteil Sie bei der Berechnung Ihres Finanzierungsbedarfs kalkulieren können, steht im nächsten Schritt die Ermittlung des sofort einsetzbaren Eigenkapitals auf dem Plan.

Ohne Eigenkapital läuft nichts

Ermittlung des verfügbaren Eigenkapitals

Beim »Kassensturz« sollte keine Reserve vergessen werden, verwenden Sie deshalb bitte die Checkliste 2 (⟶ Seite 18).

Das am schnellsten verfügbare Eigenkapital finden Sie auf Ihren **Giro- und Sparkonten** sowie **Tagesgeld- und Termingeldkonten**. Bis auf eine Sicherheitsreserve für geplante und unvorhersehbare Ausgaben, zum Beispiel Autoreparatur oder Ersatz für defekte Haushaltsgeräte, sollten Sie diese Mittel voll zur Finanzierung Ihres Vorhabens einsetzen. Bei Spar- und Termingeldern ist es sinnvoll, die Beträge möglichst rechtzeitig zu kündigen, um Zinsverluste zu vermeiden, falls Sie Kündigungsfristen nicht einhalten. Ist das zum Beispiel wegen einer kurzfristig gefällten Kaufentscheidung nicht möglich, sollten Sie die Zinseinbußen in Kauf nehmen und Ihr Erspartes auf jeden Fall abrufen. Denn die Zwischenfinanzierung des Betrags bis zur Fälligkeit durch einen Kredit kommt Sie regelmäßig wesentlich teurer zu stehen.

Sicherheitsreserve muss sein

An rechtzeitige Kontenkündigung denken

Checkliste 2
Ermittlung des verfügbaren Eigenkapitals

    Barmittel (Girokonto-Guthaben)   _____

+   Sparguthaben und Termingelder   _____

+   Wertpapiervermögen
    (Anleihen, Aktien, Investmentzertifikate etc.)   _____

+   sonstiges Eigenkapital
    (Edelmetallreserven, Münzen etc.)

+   Bausparguthaben aus zuteilungsreifen
    Bausparverträgen   _____

–   Sicherheitsreserve für unvorhersehbare
    Ausgaben   _____

=   **verfügbares Eigenkapital**   _____

Genau rechnen, was wie viel Rendite bringt

Bei vorhandenen **Wertpapierbeständen** ist die Frage »Verkaufen oder behalten?« nicht so einfach wie bei Kontenguthaben zu beantworten. Es gilt zu prüfen, ob die Geldanlage nicht mehr Zinsen abwirft, als Sie für einen Kredit zahlen müssen. Sie sollten sich deshalb zum Beispiel bei festverzinslichen Wertpapieren von Ihrem Anlageberater die für die Restlaufzeit der Papiere erzielbare Rendite errechnen lassen, wobei eventuelle Steuerabzüge zu berücksichtigen sind. Die entspricht bei kursabhängigen Papieren regelmäßig nicht der laufenden Verzinsung, da Kursgewinne oder -verluste eingerechnet werden müssen. Nur wenn die erzielbare Ablaufrendite über dem für ein Baudarlehen zu zahlenden Effektivzins liegt, kann der weitere Besitz der Papiere wirtschaftlich sinnvoll sein. Dann sollten Sie aber mit der Bank unbedingt vereinbaren, dass das zurückfließende Kapital bei Fälligkeit zur Sondertilgung verwendet werden kann. Anders sieht es bei Aktien oder Aktienfonds aus. Wer die Bestände in der Hoffnung auf zukünftige Kursgewinne trotz Immobilienerwerb hält, spekuliert auf Kredit. Und das ist im Zusammenhang mit der Anschaffung der eigenen vier Wände völlig fehl am Platz.

In den meisten Fällen wird die Auflösung des Wertpapierdepots unabhängig von der Art der Papiere aber ohnehin nötig sein, um das vom Geldgeber geforderte Eigenkapital nachweisen zu können. Bei der Eigenkapitalermittlung sind Wertpapiere in der Checkliste mit ihrem aktuellen Kurswert anzusetzen, denn nur der lässt sich bei einem Verkauf erzielen. Den Wert sowie die bis zum Verkaufsdatum aufgelaufenen Zinsen kann Ihnen Ihre Bank oder Sparkasse errechnen, genauso wie den Gegenwert von **Edelmetallreserven.**

Auch bestehende **Kapitallebens- oder Privatrentenversicherungen** können infrage kommen, indem sie gekündigt werden und der ausgezahlte Rückkaufswert als Eigenkapital eingebracht wird. Hierbei sollten steuerliche Aspekte berücksichtigt werden: Wenn die Versicherung weniger als 12 Jahre besteht, sind die Gewinne einkommensteuerpflichtig. Zwar sind mit der vorzeitigen Kündigung deutliche Renditeeinbußen verbunden. Weil jedoch jeder zusätzliche Euro an Eigenkapital die Sicherheit des Finanzierungsmodells verbessert, ist die Auflösung des Versicherungsguthabens oftmals sinnvoll.

Steuerliche Aspekte beachten

Als weitere Eigenkapitalgröße können Sie angesparte **Bausparguthaben** einsetzen. Dies gilt allerdings nur für Verträge, die bereits zuteilungsreif sind und deren Vertragssumme Sie jederzeit abrufen können. Noch nicht zugeteilte oder erst teilweise angesparte Verträge müssen – soweit deren Einbindung in die Finanzierung wirtschaftlich sinnvoll ist – in voller Höhe der Vertragssumme bis zu ihrer Auszahlung zwischenfinanziert werden. Sie mindern deshalb den Finanzierungsbedarf nicht.

Nur zuteilungsreife Bausparverträge als Eigenkapital einsetzbar

Haben Sie alle verfügbaren Geldmittel – unter Abzug der unerlässlichen Liquiditätsreserve von zwei bis drei Nettomonatseinkommen – aufgelistet und addiert, erhalten Sie die Summe des verfügbaren Eigenkapitals

Ergebnis: Ihr Finanzierungsbedarf

Im dritten Schritt lässt sich durch Abziehen der Eigenkapitalsumme von den ermittelten Gesamtkosten feststellen, wie hoch Ihr Finanzierungsbedarf ist, wenn Sie die gewünschte Immobilie bauen oder kaufen. Der errechnete Betrag steht für die Finanzierungslücke, die es durch die Aufnahme fremder Gelder zu schließen gilt.

Checkliste 3
Ermittlung des Finanzierungsbedarfs

Gesamtkosten (aus Checkliste 1) _____

– verfügbares Eigenkapital (aus Checkliste 2) _____

= **Finanzierungsbedarf** _____

Tipp

Wichtig: Setzen Sie den Finanzierungsbedarf lieber etwas zu hoch als zu niedrig an!

Senken können Sie den Bedarf nur noch durch unerwartete Geldgeschenke und – vor allem bei Bauvorhaben und älteren Gebrauchtimmobilien – durch beim Bau oder bei der Renovierung erbrachte Eigenleistungen. Beim Ansatz der sogenannten Muskelhypothek ist allerdings Realitätssinn gefragt. Ohne handwerkliche Erfahrung und geschickte Helfer lassen sich kaum größere Beträge einsparen. Denn das Material muss nach wie vor gekauft werden. Zudem darf ein auf der Baustelle verknackster Fuß nicht Ihr gesamtes Kalkulationsgerüst ins Schwanken bringen. Denn Zeit ist auch beim Bauen bares Geld: Jede Verzögerung des Einzugs belastet Ihr Budget in der Regel mit Bereitstellungszinsen und zusätzlichen Mietkosten für die alte Wohnung.

Ermittlung der monatlichen finanziellen Belastbarkeit

Der Finanzierungsbedarf bildet die Ausgangsgröße für Ihre weitere Finanzierungsplanung. Dabei steht Ihr Haushaltsbudget im Mittelpunkt, also die laufenden Ausgaben und Einnahmen, und vor allem, was am Monatsende davon übrig bleibt. Denn daran können Sie messen, wie hoch die Belastung aus der Finanzierung maximal ausfallen darf.

Präzise prüfen, was die Haushaltskasse verkraften kann

Um verlässliche Zahlen zu erhalten, sollten Sie einen möglichst genauen Haushaltsplan erstellen, in dem Sie sämtliche Einnahmen und Ausgaben gegenüberstellen. Stehen Sie nicht unter Zeitdruck, werden hierzu im Idealfall über einen Zeitraum von mehreren Monaten alle Zahlungen erfasst und für jeden Monat der Betrag ermittelt, der Ihnen nach Abzug aller Ausgaben von Ihrem Einkommen als Überschuss verbleibt. Fehlt Ihnen die Zeit für eine solche langfristige Beobachtung, so können Sie Ihre Haushaltsführung für die Vergangenheit auch anhand von Unterlagen wie Kontoauszügen, Rechnungsbelegen, Gehaltsabrechnungen und ähnlichen Unterlagen nachvollziehen.

Genauen Plan über Einnahmen und Ausgaben erstellen

Der Weg zum Ergebnis führt auch bei der Ermittlung der monatlichen Belastbarkeit über drei Schritte:
- Ermittlung der monatlichen Einnahmen (Checkliste 4, Seite 22),
- Ermittlung der monatlichen Ausgaben (Checkliste 5, Seite 23),
- Ermittlung der monatlichen finanziellen Belastbarkeit (Checkliste 6, Seite 25).

Ermittlung der monatlichen Einnahmen

Im ersten Schritt müssen Sie mit Hilfe der Checkliste 4 alle Einnahmen Ihres Haushalts erfassen.

**Checkliste 4
Ermittlung der monatlichen Einnahmen**

    Nettoeinkommen der Familie   _____

+   Kindergeld   _____

+   sonstige Einnahmen (Mieten, Renten etc.)   _____

=   **Summe der monatlichen Einnahmen**   _____

Den größten Posten dürfte dabei das Einkommen der berufstätigen Familienmitglieder ausmachen. Setzen Sie als Betrag die Summe der **Nettoeinkommen eines Monats** ein. Zusätzliche Einnahmen wie 13. Monatsgehalt, Weihnachts- und Urlaubsgeld sollten Sie möglichst als Sicherheitsrücklage für unvorhergesehene Ausgaben betrachten und nicht oder nur zum Teil berücksichtigen. Bei einem Haushalt mit zwei Arbeitseinkommen muss geprüft werden, ob die Einnahmen auch in Zukunft in dieser Höhe erzielt werden oder ob – etwa durch die Erziehung von Kindern – ein Gehalt voraussichtlich ganz oder teilweise wegfallen wird. Im letzten Fall sollten Sie nur das wirklich langfristig verfügbare Einkommen einkalkulieren.

Weihnachts- und Urlaubsgeld nicht voll einplanen

Als weitere Einnahmen kommen **Kindergeldzahlungen** sowie sonstige Einkünfte, etwa aus **Renten,** infrage. Einkünfte aus Kapitalanlagen dürften dagegen im Normalfall kein Thema mehr sein, da das Ersparte ins Eigenkapital fließt. Auf der Habenseite können Sie dagegen **Mieterträge** verbuchen, wenn zum Beispiel im neuen Haus eine Einliegerwohnung vermietet werden soll. Dabei sollten Sie jedoch einen kalkulatorischen Abschlag verbuchen, weil beim Leerstand aufgrund von Mieterwechseln auch keine Miete hereinkommt.

Sicherheitsreserve für eventuell ausbleibende Mieteinnahmen berücksichtigen

Weitere Beträge, die Ihnen in einer Jahresrate zufließen, müssen mit einem Zwölftel angesetzt werden. Durch Addition sämtlicher

Einzelposten erhalten Sie dann die Summe Ihrer monatlichen Einnahmen. Von diesem Betrag sind nun die monatlichen Ausgaben abzuziehen, die Sie in einem zweiten Schritt ermitteln.

Ermittlung der monatlichen Ausgaben

Der größte Teil Ihrer Einkünfte wird in der Regel in die allgemeinen **Kosten der Lebenshaltung** Ihrer Familie fließen. Hierbei sind sämtliche monatlichen Ausgaben für Lebensmittel, Kleidung, Körperpflege etc. zu berücksichtigen. Denken Sie außerdem daran, dass im Lauf eines Jahres auch einmalige Ausgaben entstehen, zum Beispiel für den Kauf von Kleidungsstücken. Hier muss wieder auf monatliche Teilbeträge umgerechnet werden. Das Gleiche gilt für **sonstige Haushaltsausgaben,** etwa für die Neu- oder Ersatzanschaffung von Haushaltsgeräten.

Kosten für einmalige Anschaffungen zwölfteln und auf monatliche Ausgaben umlegen

---

Checkliste 5
Ermittlung der monatlichen Ausgaben

	Kosten der Lebenshaltung (Nahrungs-, Genussmittel, Kleidung, Körperpflege etc.)	_____
+	sonstige Haushaltsausgaben (Hausrat, Rücklagen für Neuanschaffungen oder Ersatz von Haushaltsgeräten etc.)	_____
+	Heizungskosten	_____
+	Ver- und Entsorgungsgebühren (Müll, Wasser, Strom, Rundfunk etc.)	_____
+	Grundsteuer	_____
+	Instandhaltungsrücklage für Wohnung bzw. Gebäude	_____
+	Ausgaben für Auto/Motorrad (Versicherungen, Steuern, Reparaturrücklage) bzw. öffentliche Verkehrsmittel	_____
+	Versicherungsbeiträge (Lebens-, Haftpflicht-, Hausrat-, Feuerversicherung etc.)	_____
+	Ausgaben für Kultur und Unterhaltung	_____
+	sonstige Ausgaben (Urlaub, Hobbys, Vereinsbeiträge, Raten etc.)	_____
=	**Summe der monatlichen Ausgaben**	_____

Miete fällt weg, aber Neben-kosten steigen häufig

Erfreulich: Die Kaltmiete, die Sie unter Umständen für Ihre jetzige Wohnung zahlen, fällt künftig als Ausgabe weg. Anders ist es bei den **Nebenkosten für Heizung und Strom** sowie sonstigen **Ver- und Entsorgungsgebühren.** Die müssen weiterhin von Ihrem Einkommen abgezogen werden, und zwar in der Höhe, in der sie nach dem Einzug in die eigenen vier Wände voraussichtlich anfallen. Nicht selten steigt dieser Ausgabeposten, da es beim Eigentum ruhig ein paar Quadratmeter mehr sein dürfen. Hilfestellung bei der Schätzung der zukünftigen Kosten kann ein Architekt geben oder fragen Sie einfach Bekannte und Verwandte, die in ähnlichen Wohnverhältnissen leben.

Als zusätzliche Belastung kommt auf Eigentümer die Entrichtung von **Grundsteuern** zu. Die Höhe des Steuersatzes ist von Gemeinde zu Gemeinde unterschiedlich. Fragen Sie bei Ihrer Stadt- oder Gemeindeverwaltung, mit welchen Ausgaben zu rechnen ist, und vermerken Sie den monatlichen Steueranteil in der Checkliste.

Reparaturbedarf bei älteren Objekten unbedingt einplanen

Insbesondere beim Kauf von älteren Immobilien sollten Sie eine angemessene monatliche **Instandhaltungsrücklage** einkalkulieren. Als Eigentümer einer Eigentumswohnung zahlen Sie zu diesem Zweck das sogenannte **Hausgeld,** dessen Höhe Sie vom zuständigen Hausverwalter erfahren.

Kräftig belastet wird das Haushaltsbudget durch die **Ausgaben für Auto und Motorrad und/oder öffentliche Verkehrsmittel.** Als Auto- oder Zweiradfahrer sollten Sie neben den reinen Unterhaltungskosten wie Benzingeld, Steuern und Kfz-Versicherungsbeiträgen auch einen monatlichen Betrag für unvorhersehbare Reparaturen und den Ersatz von Verschleißteilen einrechnen. Wer auf den fahrbaren Untersatz angewiesen ist, sollte außerdem Rücklagen einkalkulieren, mit denen ein Ersatzfahrzeug angeschafft werden kann, wenn das alte den Geist aufgibt.

Versicherungsbeiträge für bestehende Sach- und Lebensversicherungen sind mit den monatlichen Belastungen oder den Monatsanteilen der Jahres- oder Halbjahresprämien einzutragen. Prüfen Sie in diesem Zusammenhang zusätzlich, ob durch Ihren

Tipp

Hilfestellung bei der Wahl der richtigen Versicherungen und günstiger Anbieter bieten die Versicherungsberater der Verbraucherzentralen. Über Versicherungen für Haus und Wohnung informiert der Ratgeber »Versicherungen für Haus und Wohnung«, den die Verbraucherzentralen herausgeben (128 Seiten, 8,90 €).

Wohneigentumserwerb nicht der Abschluss weiterer Versicherungen oder höherer Versicherungssummen notwendig wird. Die Ausgaben für die Prämien sind dann entsprechend zu erhöhen.

Keinesfalls unter den Tisch fallen sollte bei der Aufstellung ein monatlicher Betrag, den Sie für **sonstige Ausgaben** ansetzen, insbesondere für Hobbys, Urlaub, kulturelle und Unterhaltungsaktivitäten. Denn auch wenn viele Bauherren und Käufer bereit sind, für die Realisierung des Traums vom Eigenheim kürzerzutreten: Irgendwann hat jeder das Bedürfnis, die eigenen vier Wände – auch wenn sie noch so schön sind – zu verlassen und etwas zu unternehmen oder in Urlaub zu fahren. Wer die dafür nötigen Gelder von vornherein einkalkuliert, muss sich später nicht jeden Euro vom Mund absparen.

Freizeitausgaben nicht zu knapp kalkulieren

Sind sämtliche Ausgaben eines Monats aufgelistet, müssen Sie nur noch deren Gesamtsumme ermitteln.

Ergebnis: Ihre monatliche Belastbarkeit

Die Berechnung der Differenz zwischen der Summe der monatlichen Einnahmen und der Summe der monatlichen Ausgaben liefert Ihnen in einem dritten Schritt das gesuchte Ergebnis: Ihre finanzielle Belastbarkeit, also den Betrag, der für Zins und Tilgung von Baudarlehen unterm Strich zur Verfügung steht.

Checkliste 6
Ermittlung der monatlichen Belastbarkeit

	monatliche Einnahmen (aus Checkliste 4)	_____
−	monatliche Ausgaben (aus Checkliste 5)	_____
=	**maximal tragbare Belastung pro Monat**	_____

Tipp

Als vereinfachte Alternative zur Ermittlung der monatlichen Ausgaben können Sie auch eine Schätzmethode anwenden. Dabei addieren Sie die Kaltmiete und den Betrag, den Sie Monat für Monat auf die Seite legen können, ohne dass Ihr Girokonto in die roten Zahlen rutscht. Dabei sollten jedoch auch Zeiten mit erhöhten Ausgaben wie die Urlaubs- und Weihnachtszeit berücksichtigt werden. Von dieser Summe ziehen Sie nun die Mehrausgaben ab, die Sie als Eigentümer für Nebenkosten und Instandhaltungsrücklage tragen müssen. Das Ergebnis vermittelt dann die monatliche Belastbarkeit.

Runden Sie das Ergebnis auf volle hundert Euro ab, um etwas finanziellen Spielraum zu behalten. Falls Sie ganz sichergehen wollen, Ihre Belastbarkeit nicht zu überschätzen, verringern Sie den ermittelten Betrag nochmals um einen Sicherheitsabschlag. Das gilt vor allem, wenn Ihr Haushaltsbudget, auf lange Frist gesehen, einige schwer kalkulierbare Positionen aufweist.

Die laufenden Kosten der Finanzierung

In den beiden vorherigen Abschnitten haben Sie ausgerechnet, wie hoch Ihr Finanzierungsbedarf ist und welche Belastung aus einer Finanzierung Ihr Budget tragen kann. Im folgenden Teil der Planung sollen die beide Ergebnisse nun miteinander in Verbindung gebracht werden.

Konkret sind zwei wichtige Fragen zu beantworten:
1. Welche monatliche finanzielle Belastung kommt durch die Aufnahme des benötigten Fremdkapitals auf Sie zu?
2. Liegt dieser Betrag noch im Rahmen Ihrer finanziellen Möglichkeiten?

Ermittlung der monatlichen Finanzierungsbelastung

Mit zehnjähriger Bindungsfrist rechnen

Spätestens jetzt müssen Sie einen Blick auf den Markt für Baufinanzierungen werfen. Denn die laufenden Finanzierungskosten lassen sich nur ermitteln, wenn Sie die aktuellen Konditionen für langfristige Baufinanzierungskredite kennen. Als Kalkulationsbasis sollten Sie grundsätzlich den aktuellen Sollzinssatz für Darlehen mit 10- oder 15-jähriger Zinsbindungsfrist nehmen. Einen aktuellen

Marktüberblick bieten beispielsweise die von vielen Verbraucherzentralen angebotenen Hypothekenzinsvergleiche. Da im Markt
Unterschiede von bis zu 1 Prozent bestehen, müssen Sie sich für
einen bestimmten Zins entscheiden. Wählen Sie für die Kalkulation
der Belastung aus Sicherheitsgründen lieber eine Kondition, die
teurer als der Durchschnitt ist. Dann haben Sie bei den günstigen
Anbietern noch etwas Luft für zwischenzeitliche Zinserhöhungen.

Zur Berechnung der laufenden Belastung genügt ausnahmsweise
einmal der Sollzinssatz, und zwar für Darlehen mit hundert-
prozentiger Auszahlung bei einer Beleihungsgrenze von 80 Prozent
(→ Seite 40). Beim Vergleich mehrerer Angebote hilft dagegen nur
der effektive Jahreszins weiter – dazu später mehr (→ Seite 58).

Die Zinsbelastung lässt sich nun anhand des gewählten Zinssatzes und der benötigten Darlehenssumme berechnen. Die
monatliche Gesamtbelastung aus der Finanzierung liegt allerdings höher, denn die Schulden müssen natürlich auch getilgt
werden. Normalerweise verlangen Banken und Sparkassen eine
Anfangstilgung von 1 Prozent der Darlehenssumme. Im Rahmen
der sogenannten Annuitätentilgung steigt der Tilgungsanteil während der weiteren Laufzeit dann durch die Umschichtung der rück-
läufigen Zinsanteile kontinuierlich an. Die Raten bleiben dabei
aber gleich (→ Seite 43 f.).

**Zins- plus Tilgungskosten
ergeben die monatliche
Belastung**

Um die komplette Monatsbelastung aus der Finanzierung zu berechnen, müssen Sie also den Anfangstilgungssatz auf den Sollzins
aufschlagen. Mithilfe der Prozentrechnung können Sie jetzt den zu
erwartenden monatlichen Aufwand für die Finanzierung ermitteln.
Setzen Sie einfach Ihre Eckdaten in die folgende Formel ein:

$$\text{monatliche Belastung} = \frac{\text{Finanzierungsbedarf in Euro} \times (\text{Zinssatz in \%} + \text{Tilgungssatz in \%})}{100\ \% \times 12\ \text{Monate}}$$

Verfügen Sie über bereits angesparte und zuteilungsreife Bausparverträge, dann sollten Sie sorgfältig vergleichen, ob die gesamten
Zinsaufwendungen mit oder ohne Einbau des Bauspardarlehens
niedriger sind. Ist das Bauspardarlehen teurer als das Bankdarle-

Beispiel

Angenommen, Sie haben einen Finanzierungsbedarf von 100.000 Euro berechnet. Der aktuelle Marktzinssatz beträgt 6 Prozent, und zur Tilgung ist jährlich 1 Prozent der Darlehenssumme aufzubringen. Dann errechnet sich die zu erwartende monatliche Belastung aus der Finanzierung wie folgt:

$$\frac{100.000 \text{ €} \times (6\,\% + 1\,\%)}{100\,\% \times 12} = 583,33 \text{ €}$$

Um das Darlehen in Höhe von 100.000 Euro zurückzahlen zu können, müssten Sie also in der Lage sein, mindestens 583,33 Euro pro Monat neben Ihren sonstigen Ausgaben aufzubringen.

hen, lohnt sich der Einbau nur unter einer bestimmten Voraussetzung: nämlich dann, wenn Sie durch das reduzierte Bankdarlehen in eine günstigere Beleihungsklasse rutschen und dadurch weniger Zinsen für den Bankkredit zahlen müssen (⟶ Seite 40).

Wird das Bauspardarlehen abgerufen, sollten Sie dessen Summe vom Gesamtfinanzierungsbedarf abziehen. Die monatliche Belastung wird zunächst also nur für den Restbetrag nach der angegebenen Formel berechnet. Dazu kommt dann allerdings die Zins- und Tilgungsrate für den Bausparkredit. Wie hoch diese ausfällt, können Sie entweder den Bausparbedingungen entnehmen oder direkt bei der Kasse erfragen.

Zwischenfinanzierungskosten bei nicht zuteilungsreifen Bausparverträgen

Dauert es noch einige Zeit, bis Ihr Bausparvertrag zuteilungsreif wird, entstehen bis zur Auszahlung der Vertragssumme Zwischenfinanzierungskosten, die berücksichtigt werden müssen. Deshalb können Sie die Vertragssumme in diesem Fall nicht vom Finanzierungsbedarf abziehen. Falls auf den Vertrag auch noch Sparbeiträge zu zahlen sind, rechnen Sie diesen monatlichen Betrag ebenfalls zu den Belastungen hinzu.

Ebenfalls drücken können Sie den Darlehensbedarf – und damit auch die Belastung – durch öffentliche Förderdarlehen. Welche Mittel es wofür und unter welchen Voraussetzungen gibt, unterscheidet sich von Bundesland zu Bundesland (⟶ Seite 106).

Tipp

Einen Überblick über die aktuellen Förderprogramme finden Sie im Internet unter www.baufoerderer.de, einem gemeinsamen Angebot des Verbraucherzentrale Bundesverbands (vzbv) und der Förderbank KfW.

Von Ihrem Finanzierungsbedarf abziehen sollten Sie die Fördergelder allerdings nur, wenn feststeht, dass Sie in deren Genuss kommen. Bei lediglich zinsverbilligten Mitteln muss natürlich die dafür fällige Zins- und Tilgungsrate auf die laufenden Kosten der Bankfinanzierung aufgeschlagen werden.

Vergleich von Finanzierungskosten und finanzieller Belastbarkeit

Die Stunde der Wahrheit schlägt im letzten Planungsschritt, bei der Gegenüberstellung der voraussichtlichen Monatsbelastung mit Ihrer finanziellen Belastbarkeit (→ Seite 25).

Bewegen sich die Finanzierungskosten innerhalb der Grenze Ihrer persönlichen Belastbarkeit, dann dürfte sich die Finanzierung grundsätzlich durchführen lassen. Übersteigt die voraussichtliche Belastung dagegen Ihre finanziellen Möglichkeiten, müssen Sie Ihr Vorhaben nochmals gründlich überdenken. Gegensteuern können Sie dabei vor allem an zwei Punkten: bei den Kosten der Immobilie und beim Haushaltseinkommen. Da sich die persönlichen Einnahmen in der Regel leider nicht so einfach vermehren lassen, bietet die Kostenseite den größten Handlungsspielraum. Vielleicht geht es auch etwas kleiner? Oder statt des großen Kellers gibt es nur einen Geräteschuppen? Hier muss jeder seine eigenen Prioritäten setzen. Lassen sich die Kosten nicht senken, bleibt als Option noch die Verschiebung der Pläne, um in der Zwischenzeit mehr Eigenkapital anzusparen. Dabei können steigende Preise und Finanzierungszinsen Ihnen allerdings schnell einen Strich durch die Rechnung machen.

Planung an finanzielle Möglichkeiten anpassen

Vorsicht ist bei Finanzierern und Vermittlern geboten, die Ihnen trotz eines negativen Ergebnisses der Gegenüberstellung von Belastung und Belastbarkeit die Finanzierung »passend rechnen«.

Schönrechnen kann zum finanziellen Kollaps führen

Beachten Sie auch, dass Sie nur so lange mit einer verlässlichen Rate kalkulieren können, wie die Zinskonditionen festgeschrieben sind. Sollte beispielsweise nach zehn Jahren der Kreditzins um 2 Prozent steigen, würde ein 100.000-Euro-Darlehen pro Monat rund 167 Euro mehr kosten. Kann es dadurch eng werden, gibt es nur eins: lieber die etwas höheren Konditionen in Kauf nehmen und eine längere Zinsbindung wählen.

Tipp

Sie sollten in Ihrem eigenen Interesse eine wichtige Grundregel beherzigen: Reizen Sie Ihre finanzielle Belastbarkeit nicht völlig aus! Kalkulieren Sie lieber mit einer angemessenen Sicherheitsreserve.

Ermittlung der möglichen Darlehenssumme

Sind Ihre Eigenheimpläne noch nicht so weit gediehen, dass Sie bereits ein konkretes Objekt vor Augen haben, können Sie an die Planung anders herangehen. Dabei zäumen Sie das Pferd von hinten auf: Ausgehend von Ihren monatlich frei verfügbaren Mitteln wird hochgerechnet, welchen Darlehensbetrag Sie damit finanzieren können. Rechnen Sie dann noch das bereitstehende Eigenkapital dazu, erhalten Sie den Betrag, den ein Haus oder eine Wohnung inklusive aller Nebenkosten kosten darf. Grundsätzlich sollte jeder Bauherr oder Käufer einmal so rechnen, bevor es konkret wird mit den eigenen vier Wänden. Denn wer die finanzielle Größenordnung kennt, in der er sich bewegen kann, erspart sich den Frust, irgendwann vor der Traumimmobilie zu stehen und dann feststellen zu müssen, dass das Ganze für sein Budget eine Nummer zu groß ist.

Vom ermittelten Kapital auf den möglichen Preis des Hauses schließen

Bei der Kalkulation der finanzierbaren Kreditsumme können Sie auf einige Teilergebnisse der vorangegangenen Berechnungen zurückgreifen. Zunächst benötigen Sie Ihre bereits ermittelte persönliche Belastbarkeitsgrenze pro Monat (⤳ Seite 25) und den aktuellen Sollzins für langfristige Darlehen, den Sie bei der Ermittlung der monatlichen Finanzierungsbelastung eingesetzt haben (⤳ Seite 27). Auf diesen Satz muss wiederum 1 Prozent – in Zeiten niedriger Marktzinsen besser 2 bis 3 Prozent – für die Tilgung des Kredits aufgeschlagen werden. Mit der folgenden Formel können Sie dann errechnen, wie hoch ein Hypothekendarlehen höchstens sein darf, damit es Ihre finanziellen Möglichkeiten nicht übersteigt.

$$\text{mögliche Darlehenssumme} = \frac{\text{Belastbarkeitsgrenze in Euro} \times 12 \text{ Monate} \times 100 \,\%}{\text{Zinssatz in } \% + \text{Tilgungssatz in } \%}$$

Die Rechnung zeigt, dass Sie mit den gegebenen finanziellen Möglichkeiten maximal ein Darlehen in Höhe von rund 120.000 Euro aufnehmen könnten. Liegt der Zinssatz niedriger, erhöht sich die

Darlehenssumme entsprechend – bei einem Zins von 5 Prozent zum Beispiel auf 140.000 Euro. Höhere Marktzinssätze drücken dagegen das finanzierbare Kreditvolumen.

Zusammen mit dem von Ihnen ermittelten Eigenkapitalbetrag (⸱⸱> Seite 18) zeigt die finanzierbare Kreditsumme Ihnen die Größenordnung, in der Sie sich nach einem Kaufobjekt umschauen können bzw. wie viel Geld Ihnen für ein Bauvorhaben zur Verfügung steht, allerdings inklusive sämtlicher Nebenkosten, die wir ab Seite 11 aufgelistet haben.

Beispiel

Angenommen, nach Abzug aller Ausgaben verbleiben Ihnen von Ihrem Einkommen im Monat 750 Euro. Ihre Belastbarkeitsgrenze setzen Sie aus Sicherheitsgründen aber nur mit 700 Euro an. Der Zins für Darlehen mit zehnjähriger Zinsbindungsfrist liegt wiederum bei 6 Prozent pro Jahr, die Anfangstilgung bei 1 Prozent. Setzen Sie diese Daten in die Formel ein, führt das zu folgendem Ergebnis:

$$\frac{700\ \text{€} \times 12 \times 100\ \%}{6\ \% + 1\ \%} = 120.000\ \text{€}$$

Die verschiedenen Möglichkeiten der Baufinanzierung

Der Gang auf den kommerziellen Markt für Baufinanzierungen sollte immer erst am Ende Ihrer Bemühungen stehen, die Finanzierungslücke zu schließen. Zuvor ist unbedingt zu prüfen, ob ein Teil Ihres Geldbedarfs sich nicht anderweitig zu günstigeren Konditionen befriedigen lässt. Zum Beispiel durch staatliche Zuschüsse und zinsfreie oder zinsgünstige öffentliche Förderkredite. Erfüllen Sie die Förderkriterien, sollten Sie die gebotenen Finanzhilfen natürlich voll ausschöpfen. Schließlich senkt das in der Regel Ihre Finanzierungskosten beträchtlich. Mehr zum Thema »staatliche Bauförderung« finden Sie ab Seite 106.

Nicht nur Banken geben Baugeld

Nicht nur Vater Staat hilft dabei, in die eigenen vier Wände zu kommen. Auch Arbeitgeber, vor allem Großunternehmen, unterstützen zum Teil ihre Mitarbeiter auf dem Weg dorthin mit zinsverbilligten Darlehen. Informieren Sie sich, ob Ihr Brötchengeber dies ebenfalls tut. Planen Sie allerdings in nächster Zeit einen Jobwechsel, ist ein Arbeitgeberdarlehen wenig sinnvoll. Denn mit dem Arbeitsverhältnis endet auch der Kreditvertrag. Dann müssen Sie unter Umständen schon in der Frühphase der Finanzierung neues – und meist teures – Geld für die Kreditablösung aufnehmen.

Sind die Möglichkeiten zur vergünstigten Geldbeschaffung ausgeschöpft, beginnt die Suche nach der richtigen Finanzierungsform und dem preiswertesten gewerblichen Geldgeber.

Der Markt für Baufinanzierungen

Bei der Finanzierung von Immobilien geht es um viel Geld. Nicht nur für die, die sich das Fremdkapital beschaffen müssen. Für die Geldgeber stellen Baudarlehen eine recht sichere Möglichkeit dar, die bei den Sparern eingesammelten oder auf dem Kapitalmarkt beschafften Mittel mit einer attraktiven Gewinnspanne auf Dauer zu verleihen. Da viele ein Stück von dem Kuchen abhaben wollen, tummelt sich auf dem Markt für Baufinanzierungen eine Vielzahl von Anbietern, die ein auf den ersten Blick kaum überschaubares Angebot von unterschiedlichen Finanzierungen an den Kunden bringen wollen.

Schwer überschaubare Angebotsvielfalt

Bei näherem Hinschauen werden Sie aber schnell feststellen, dass sich die Schar der Anbieter in wenige Gruppen einteilen lässt, die letztlich doch immer wieder die gleichen Produkte verkaufen. Was nicht zuletzt daran liegt, dass nicht jeder einfach Immobilienkredite ausgeben kann, sondern das Geschäft per Gesetz nur bestimmten Instituten erlaubt ist. Das sind vor allem Banken und Sparkassen, Hypothekenbanken, Bausparkassen und Lebensversicherungsgesellschaften.

Daneben ist auf dem Markt eine große Zahl von Finanzierungsvermittlern oder Maklern aktiv, die im Prinzip aber auch wieder nur die Produkte der genannten Institute verkaufen und dafür Provisionen kassieren. In der Vergangenheit war die Finanzierungsvermittlung eher das Geschäft einzelner Personen oder großer Strukturvertriebe. Das hat sich in den letzten Jahren stark gewandelt. Einige Finanzvermittler haben sich ganz gezielt auf Baufinanzierungen spezialisiert und nutzen die Kommunikation per Telefon und Internet sowie die persönliche Beratung in den eigenen Niederlassungen, um ihre Finanzierungsangebote an den Bauherrn zu bringen. Die Rechnung dabei ist recht einfach: Kostengünstige Abwicklungswege sowie die Konzentration auf Finanzierungen mit geringem Ausfallrisiko lassen die Vermittler von den Provisionen

Durch Vermittler billiger ans Geld

der Banken, an die sie die Kredite vermitteln, gut leben. Dem Kunden kommt dabei zugute, dass er in einer einzigen Beratung aus den Angeboten vieler einzelner Banken wählen kann. Wird es mit dem Vertragsabschluss konkret, setzen Sie als Kreditnehmer Ihre Unterschrift letztlich unter den Darlehensvertrag einer normalen Bank. Der Umweg über einen Vermittler bringt so zuweilen im Vergleich zum Direktabschluss bei der Hausbank eine fünfstellige Ersparnis bei den Finanzierungskosten.

Flexible Produktgestaltung – dieselben Finanzierungsformen

Die Veränderungen auf der Anbieterseite haben auch Bewegung in die Angebotspalette der Finanzierer gebracht – allerdings nur, was die Flexibilität bei der Produktgestaltung betrifft. Die grundlegenden Finanzierungsformen sind dagegen nach wie vor dieselben: Hypothekendarlehen, Bausparverträge und Festdarlehen mit Tilgung über eine Lebensversicherung oder einen Fondssparplan. Alles, was Ihnen als Finanzierungslösung angeboten wird, baut auf einer dieser traditionellen Formen oder auf einer Kombination davon auf. Daran ändern auch die peppigsten Produktbezeichnungen nichts.

Nicht nur den Zinssatz, sondern die gesamten Konditionen vergleichen

Sehr unterschiedlich kann aber der Preis der Finanzierung ausfallen. Und das ist für den Laien auf den ersten Blick oft nicht zu erkennen. Spätestens wenn die ersten Angebote auf dem Tisch liegen, werden Sie entdecken müssen, dass die Preisgestaltung auf dem Baufinanzierungsmarkt alles andere als übersichtlich ist. Ein einfacher Preis, der als Maßstab zum schnellen Vergleich mehrerer Finanzierungsofferten dienen könnte, existiert nicht. Daran ändert auch die gesetzliche Pflicht der Geldinstitute nichts, einen effektiven Jahreszinssatz auszuweisen. Die Kosten der Angebote setzen sich vielmehr aus einer ganzen Reihe von Faktoren zusammen, die bei einer Gegenüberstellung zu beachten sind. Noch undurchsichtiger wird es bei Kombifinanzierungen, die sich gleich aus mehreren Produkten zusammensetzen. Nicht selten versuchen Anbieter bewusst, den Kunden damit beim Preisvergleich in die Irre zu führen.

Die beschriebenen Schwierigkeiten sind aber lange noch kein Grund, die Flinte ins Korn zu werfen und beispielsweise die Finanzierung einfach bei Ihrer Hausbank abzuschließen. Mit einer Portion Eigeninitiative und den in diesem Buch enthaltenen Tipps sollte es Ihnen gelingen, verschiedenen Anbietern auf den

Zahn zu fühlen. Haben Sie dabei aber immer eins im Hinterkopf: An keiner Stelle Ihres Bau- oder Kaufvorhabens können Sie mit einem entsprechend geringen Aufwand so viel Geld sparen wie bei der Suche nach der günstigsten Finanzierung. Brauchen Sie persönliche Hilfestellung bei der Finanzierungsplanung sowie der Angebotseinholung und -bewertung, können Sie sich diese separat bei den Verbraucherzentralen einkaufen.

Selbst wenn Sie unter Zeitdruck stehen, sollten Sie nicht sofort auf das erstbeste Angebot eingehen – auch wenn der Bankmitarbeiter oder Vermittler noch so nett ist und Ihnen die meiste Arbeit bei der Abwicklung abnehmen will. Holen Sie immer mehrere Offerten ein und fällen Sie Ihre Entscheidung nur auf der Grundlage eines detaillierten Konditionenvergleichs.

Tipp

Beachten Sie stets, dass es bei Finanzierungsangeboten durchaus Verhandlungsspielräume gibt. Der bei der ersten Anfrage genannte Kreditzins ist nur die Einladung zum Feilschen. Viele Bauherren wundern sich, wie schnell sich ein paar Zehntelprozente herunterhandeln lassen. Oft genügt schon der Hinweis auf die günstigere Konkurrenz. Merken Sie sich unbedingt: Bei den Summen, um die es geht, ist Großzügigkeit völlig fehl am Platz. Jede Stelle hinterm Komma zählt.

Kreditabsicherung und Beleihungsprüfung

Wer mit Kreditgebern verhandeln will, sollte deren Sichtweise kennen – insbesondere was die Bewertung der zu finanzierenden Immobilie angeht. Denn diese ist die Sicherheit für den gewünschten Kredit. Im Krisenfall wird der Gläubiger versuchen, sich sein Geld durch den Verkauf oder die Zwangsversteigerung des Objekts zurückzuholen. Je geringer dabei das Verlustrisiko ausfällt, desto besser ist Ihre Verhandlungsposition beim Feilschen um die Konditionen. Eine weitere Rolle spielt bei der Kreditvergabe natürlich Ihre persönliche Kreditwürdigkeit. Wenn das Einkommen nicht ausreicht, um die Zins- und Tilgungsrate zu tragen, wird das Geldinstitut selbst dann kein grünes Licht geben, wenn Sie eine 1a-Immobilie zum Schnäppchenpreis kaufen könnten.

Zur Sicherung der Forderungen bedienen sich alle Finanzierer des gleichen Mittels: Sie lassen sich vom Eigentümer im Grundbuch ein sogenanntes Grundpfandrecht in Höhe der Darlehenssumme einräumen, zum Beispiel eine Grundschuld. Bekannter ist zwar die Hypothek, heutzutage wird sie aber kaum noch zur Kreditsicherung verwendet, da sich die Grundschuld flexibler handhaben lässt. Unabhängig davon wird im Baufinanzierungsgeschäft aber immer noch von »Hypothekendarlehen« oder der »1. Hypothek« gesprochen.

Ohne Grundpfandrecht kein Baugeld

Ermittlung des Beleihungswerts

Die Finanzierungsexperten der Geldinstitute sind von Berufs wegen pessimistisch. Um auf Nummer sicher zu gehen, setzen sie bei der Prüfung von Kreditanträgen als Sicherheit nicht einfach den aktuellen Verkehrswert des Objekts an, sondern ermitteln einen speziellen **Beleihungswert.** Dieser soll den langfristig erzielbaren Wert der Immobilie darstellen.

Beleihungswert meist niedriger als Verkehrswert

Als Bewertungsgrundlage müssen Sie den potenziellen Kreditgebern eine ganze Reihe von Unterlagen zur Verfügung stellen, unter anderem Grundbuch- und Katasterauszüge, Baupläne, Versicherungs- und Einkommensnachweise. Meist erhalten Sie bei der ersten Anfrage eine Liste der benötigten Unterlagen.

Wie der Beleihungswert im Einzelnen ermittelt wird, legen die Geldinstitute in der Regel mit internen Anweisungen für ihre Mitarbeiter fest. Es existieren jedoch grundlegende Bewertungsverfahren, die die gesamte Finanzierungsbranche anwendet:

→ das Sachwertverfahren,
→ das Ertragswertverfahren,
→ das Mittelwertverfahren.

Dabei entscheidet vor allem die Art des zu finanzierenden Objekts darüber, nach welchem Verfahren der Beleihungswert berechnet wird.

Sachwertverfahren: Bei eigengenutzten Einfamilienhäusern greifen die Geldgeber in der Regel auf das Sachwertverfahren zurück. Der Sachwert setzt sich aus zwei Teilen zusammen: dem Bau- und dem Bodenwert. Während der Bodenwert einfach durch Multiplikation der Grundstücksfläche in Quadratmetern mit einem auf Dauer erzielbaren Quadratmeterpreis ermittelt wird, ist die Berechnung des Bauwerts etwas komplizierter. Als Ausgangsbasis werden zunächst die »Kubikmeter umbauter Raum« berechnet, also der Rauminhalt des Gebäudes. Im Rahmen des sogenannten Indexverfahrens werden die Kubikmeter dann mit einem Wert für den aktuellen Baukostenindex multipliziert. Das Ergebnis ist der für die Bank realistische Beleihungswert. Gebräuchlicher ist in der Praxis allerdings das sogenannte Abschlagsverfahren. Der Bauwert

Bau- und Bodenwert bilden den Sachwert

wird hierbei berechnet, indem von den tatsächlichen Baukosten bzw. dem Kaufpreis – ohne Nebenkosten wie Grunderwerbsteuer, Notarkosten etc. – ein pauschaler Risikoabschlag erfolgt. Je nach Objekt werden hier 10 bis 30 Prozent der Kosten veranschlagt. Damit verschafft sich der Kreditgeber genug Luft für unerwartete Preiseinbrüche am Immobilienmarkt.

Ertragswertverfahren: Zum Ertragswertverfahren greifen die Finanzierer vor allem bei der Berechnung des Beleihungswerts für **vermietete Objekte.** Ausgangswert ist der »nachhaltig erzielbare Nettoertrag« der Immobilie, der auf Basis der langfristig zu erzielenden Mieterträge und der laufenden Kosten des Objekts ermittelt wird. Multipliziert mit einem sogenannten Kapitalisierungsfaktor ergibt sich der Ertragswert.

Mittelwertverfahren von Sach- und Ertragswert: Eher selten wählen die Kreditgeber heutzutage ein Bewertungsverfahren, bei dem der anzusetzende Beleihungswert dem Mittelwert von Sach- und Ertragswert entspricht. Dies ist zum Beispiel sinnvoll bei gemischt genutzten Gebäuden, bei denen sich unter einem Dach eine selbst genutzte und eine vermietete Wohnung befinden.

Nach welchem Verfahren auch gerechnet wird: Der **Verkehrswert** – der dauerhaft erzielbare Verkaufspreis der Immobilie – ist regelmäßig die absolute Obergrenze des Beleihungswerts. Und dessen Höhe wird vor allem durch die aktuelle Marktlage und weitere preisbestimmende Faktoren beeinflusst, wie etwa die Lage des Objekts. Das Risiko: Auch wenn sich die Qualität des Eigenheims nicht verschlechtert, können äußere Einflüsse den Verkehrswert kräftig drücken. Denken Sie nur an den geplanten Bau einer befahrenen Durchgangsstraße in der Nähe des Grundstücks. Dabei wäre es noch Glück, wenn die Bank darüber informiert wäre und Ihnen den niedrigeren Verkehrswert als Risiko vor der Unterzeichnung des Bau- oder Kaufvertrags darstellen würde. Leider funktioniert das oft nicht, weil die Geldgeber nicht verpflichtet sind, die Ergebnisse ihrer internen Wertermittlung offenzulegen. Muss wegen ausreichenden Eigenkapitals ohnehin nur ein Teil der Kosten finanziert werden, gibt es für die Finanzierung auch dann grünes Licht, wenn der Verkehrswert deutlich unter dem Kaufpreis liegt. Eine

Verkehrswert ist Obergrenze für Beleihung

Verkehrswert kann sich mit der Zeit verschlechtern

allgemeine Pflicht der Kreditinstitute, den Kunden bei der Finanzierungsberatung auf den überhöhten Preis einer Immobilie hinzuweisen, gibt es nicht.

Der als Finanzierungsgrundlage berechnete Beleihungswert liegt in der Praxis meist deutlich unter dem Verkehrswert. Sie müssen davon ausgehen, dass Ihr Haus bzw. Ihre Wohnung für die Geldgeber nur rund 80 Prozent der tatsächlichen Baukosten oder des Kaufpreises wert ist. Und das hat unmittelbare Auswirkungen auf den möglichen Umfang und die Kosten Ihrer Finanzierung.

Bedeutung der Beleihungsgrenzen

Beleihungsgrenze beeinflusst stark die Finanzierungskosten

Der Beleihungswert ist keinesfalls automatisch der Betrag, den Ihnen ein Geldinstitut maximal als Kredit zu den angebotenen Konditionen zur Verfügung stellt. Denn vorher kommen die **Beleihungsgrenzen** ins Spiel. Je nach Anbieter liegen diese bei 60 oder 80 Prozent, unter Umständen aber auch nur bei 45 bis 50 Prozent des Beleihungswerts. Liegt ein Darlehen innerhalb dieses Bereichs, spricht man von einer »1a-Hypothek« oder der »1. Hypothek«. Die Absicherung dieses Kredits erfolgt durch ein »erstrangiges« Grundpfandrecht. Das heißt: Bei einer Zwangsvollstreckung in das Objekt wird diese Forderung der Geldgeber zuerst bedient. Auch wenn Sie das wenig berühren sollte, da Sie natürlich davon ausgehen, dass dieser Fall nicht eintritt: Die Beleihungsgrenze hat großen Einfluss auf die Gesamtkosten Ihrer Finanzierung. Wird die Grenze überschritten, drehen die meisten Anbieter den Geldhahn zwar nicht zu. Nachrangig gesicherte Darlehen – oder »1b-Hypotheken« – haben aber einen entscheidenden Nachteil: Sie sind teurer als erstrangige Kredite.

Beispiel

Kalkuliert eine Bank den Beleihungswert Ihres geplanten Hauses oder Ihrer gewünschten Wohnung mit 80 Prozent der tatsächlichen Kosten und setzt sie für die 1a-Hypothek eine Beleihungsgrenze von 60 Prozent an, dann deckt das erstrangig gesicherte Darlehen lediglich 48 Prozent der anfallenden Bau- oder Erwerbskosten. Liegt Ihr Kreditbedarf höher, muss entweder zusätzlich ein nachrangig gesichertes Darlehen zu teureren Konditionen abgeschlossen werden oder der Zins für die Gesamtfinanzierung steigt.

Deshalb ist es in Ihrem Interesse, dass bei der Kreditprüfung der Beleihungswert und die Beleihungsgrenze so hoch wie möglich ausfallen, denn dadurch vergrößert sich der zinsgünstigere erstrangige Beleihungsraum. Auch hier haben die Kreditgeber durchaus gewisse Spielräume.

Beim Angebotsvergleich sollten Sie immer die Beleihungsgrenzen im Auge haben. Bei hohem Kreditbedarf kann es sogar günstiger sein, eine Offerte mit einem etwas höheren Zins dem Billigangebot vorzuziehen, wenn dieses wegen einer niedrigeren Beleihungsgrenze nur einen deutlich kleineren Teil zu Erstrangkonditionen abdeckt und im Übrigen satte Zinsaufschläge drohen. Einen Trumpf spielen hier die Bausparkassen aus. Denn bei den gewährten Bauspardarlehen begnügen sie sich in der Regel mit einer nachrangigen Absicherung im Grundbuch, und das ohne Aufschlag. Bei kleineren Kreditsummen – die Obergrenze liegt bei 30.000 Euro – verzichten manche Bausparkassen sogar ganz auf die Bestellung einer Grundschuld. Allerdings muss der Bausparvertrag dann auch zuteilungsreif sein.

Beim Angebotsvergleich Beleihungsgrenzen prüfen

Wie Sie sehen, weist das Baufinanzierungsgeschäft eine Reihe von Besonderheiten auf, die Ihnen im normalen Kreditgeschäft nicht begegnen. Außer mit diesen – unabhängig von der gewählten Finanzierungsform auftretenden – allgemeinen Regelungen sollten Sie sich aber unbedingt auch mit den speziellen Eigenschaften der unterschiedlichen Finanzierungsmöglichkeiten beschäftigen.

Welche Alternativen es zur Deckung Ihres Finanzierungsbedarfs gibt, welche Besonderheiten diese aufweisen und worauf Sie vor dem Abschluss Ihrer Finanzierung unbedingt achten sollten, erfahren Sie in den folgenden Abschnitten.

Hypothekendarlehen der Kreditinstitute

Wenn es um die Finanzierung der eigenen vier Wände geht, führt meist kein Weg an der Aufnahme eines Hypothekendarlehens vorbei. Denn wegen der hohen Tilgungsbelastung kommen Bausparverträge regelmäßig nur für eine Teilfinanzierung infrage.

Hypothekendarlehen können an persönliche Verhältnisse angepasst werden

Allerdings müssen Sie den faktischen Zwang zum Hypothekendarlehen nicht negativ sehen. Keine andere Finanzierungsform bietet Ihnen so viele Optionen, die Finanzierung an Ihre persönlichen Bedürfnisse und Möglichkeiten anzupassen. Sie müssen jedoch dafür die Stellschrauben kennen, an denen gedreht werden kann. In den folgenden Abschnitten werden wir Ihnen diese zeigen und erklären.

Ansprechpartner in Sachen Hypothekendarlehen sind alle Banken und Sparkassen sowie die allein auf dieses Geschäft spezialisierten Hypothekenbanken. Dazu kommen dann auch wieder Darlehensvermittler, die die Hypothekendarlehen der genannten Geldinstitute vertreiben.

Bankhypotheken: Gelder aus Spareinlagen ...

···› **Banken und Sparkassen** besorgen sich die Mittel für das Hypothekengeschäft vor allem aus ihrem Bestand an Spareinlagen oder durch die Ausgabe von Sparbriefen. Sie geben die von den Sparern erhaltenen Gelder an bau- oder kaufwillige Kunden weiter und machen dabei durch den Unterschied zwischen höherem Darlehenszinssatz und niedrigerem Sparzins einen Gewinn.

... oder aus Pfandbriefen

···› **Hypothekenbanken** verfügen dagegen nicht über Spareinlagen von Kunden. Sie refinanzieren sich, besorgen sich also die für das Kreditgeschäft notwendigen Gelder, indem sie Pfandbriefe an Kapitalanleger verkaufen, denen sie während der vorgegebenen Laufzeit des Pfandbriefs einen Guthabenzins zahlen. Die Gewinnspanne wird hier von dem Unterschied zwischen Pfandbrief- und Darlehenszins gebildet.

Wie Sie sehen, besteht ein direkter Zusammenhang zwischen den Zinsen, die Sie als Kapitalanleger erhalten, und den Prozentsätzen, die Sie als Darlehensnehmer zu zahlen haben. Steigt zum Beispiel auf dem Rentenmarkt – das ist der Markt für festverzinsliche Wertpapiere, an dem auch die Pfandbriefe der Hypothekenbanken gehandelt werden – die Marktrendite, so verteuern sich kurz darauf auch die langfristigen Baudarlehen. Der Blick auf die im Wirtschaftsteil der meisten Tageszeitungen täglich veröffentlichte Umlaufsrendite für festverzinsliche Wertpapiere zeigt Ihnen, wo die Zinsen gerade stehen.

Bei steigenden Zinsen nicht übereilt handeln

Gesamtablauf der Finanzierung

Wer seine Finanzierung im Griff haben will, muss wissen, wie sie funktioniert. Zum unverzichtbaren Einmaleins gehört dabei die Kenntnis über die gesamte Abwicklung eines Hypothekenkredits – von der Auszahlung bis zur vollständigen Rückzahlung der Darlehensschuld. Erst wenn Sie mit allen Besonderheiten vertraut sind, sollten Sie auf die Suche nach dem günstigsten Angebot gehen.

Wichtig: die Besonderheiten von Hypothekenkrediten kennen

Annuitätendarlehen – dieser Fachbegriff steht für die Funktionsweise der von allen Banken und Sparkassen angebotenen Hypothekendarlehen. Die **Annuität** ist dabei der Betrag, den Sie insgesamt pro Jahr als Zins- und Tilgungsleistung an das Geldinstitut zahlen müssen. Im Normalfall geschieht das in monatlichen Raten. Wie hoch die Annuität ausfällt, hängt vom Sollzins des Kredits sowie dem gewählten Anfangstilgungssatz ab.

> **Beispiel**
>
> Ein 100.000-Euro-Darlehen ist nominal mit 6 Prozent pro Jahr zu verzinsen. Als Anfangstilgung wurde 1 Prozent der Vertragssumme vereinbart. Die Annuität beträgt 7.000 Euro. Sie ist in monatlichen Raten von 583,33 Euro zu zahlen.

Als feste Belastungsgröße können Sie die Annuität so lange einplanen, wie der Kreditzins bei Vertragsabschluss festgeschrieben wird. Läuft die Zinsbindung aus, werden die Karten neu gemischt und der Anschlusszins auf der Basis des dann geltenden Marktniveaus festgelegt.

Auch wenn der Gesamtbetrag konstant bleibt, tut sich während der Kreditlaufzeit innerhalb der Annuitätenrate einiges. Denn jede Tilgungsrate verringert Ihre Schulden. Und das hat wiederum sinkende Zinsbelastungen zur Folge. Diese werden aber nicht genutzt, um die Rate zu senken, sondern um den Tilgungsanteil aufzustocken. Im Kreditvertrag verbirgt sich dieser Mechanismus hinter Formulierungen wie »Tilgung: ein Prozent zuzüglich ersparter Zinsen«.

Beispiel

Bei dem Darlehen im Beispiel auf Seite 43 setzt sich die Annuität im ersten Jahr aus 6.000 Euro Zinsen und 1.000 Euro Tilgungsanteil zusammen. Werden die Raten zum Jahresende verrechnet, stehen im zweiten Laufzeitjahr auf dem Kreditkonto durch die Tilgung nur noch 99.000 Euro im Soll. Darauf werden 6 Prozent Zinsen fällig: 5.940 Euro. Die gegenüber dem Vorjahr eingesparten Zinsen von 60 Euro werden nicht eingespart, sondern auf den Tilgungsanteil aufgeschlagen. Die Folge: Die Annuität bleibt bei 7.000 Euro, aber der Tilgungsbetrag steigt auf 1.060 Euro an.

Dieser Vorgang wiederholt sich Jahr für Jahr und lässt den Tilgungsanteil Ihrer Raten ständig steigen. Nur so ist es möglich, dass Sie noch in diesem Leben den letzten Euro an die Bank zahlen können. Würde die Tilgung konstant beim Anfangssatz von 1 Prozent verharren, wäre das Darlehen erst nach 100 Jahren zurückgezahlt (100 Prozent: 1 Prozent Tilgung pro Jahr). Da hätten selbst Ihre Enkel noch etwas von den Schulden. Der Trick mit der Annuitätentilgung führt dagegen dazu, dass Sie die eigenen vier Wände bei einem Sollzinssatz von 6 Prozent pro Jahr, 1 Prozent Anfangstilgung und einer sofortigen Verrechnung der Raten bereits nach rund 32,5 Jahren wirklich Ihr Eigen nennen können.

Anfangs wenig Tilgung

Typisch für Annuitätendarlehen ist aber auch, dass in den ersten Laufzeitjahren nur recht wenig getilgt wird, während in der Endphase des Kredits fast alles in den Schuldenabbau fließt. So stehen bei dem im Beispiel genannten Kredit nach 16 Jahren, also nach knapp der Hälfte der Laufzeit, noch immer rund 73.200 Euro auf der Sollseite. Nicht selten lässt das bei Bauherren Zweifel an der Richtigkeit der Bankabrechnung aufkommen. In den letzten Jahren der Darlehenslaufzeit bereitet der Blick in die Kontoauszüge dagegen viel Freude. Da kaum noch Zinsen anfallen, dient die Monatsrate fast vollständig der Tilgung.

Allerdings gibt es diverse Möglichkeiten, mit zusätzlichen Mitteln deutlich schneller schuldenfrei zu werden, doch dazu mehr ab Seite 53.

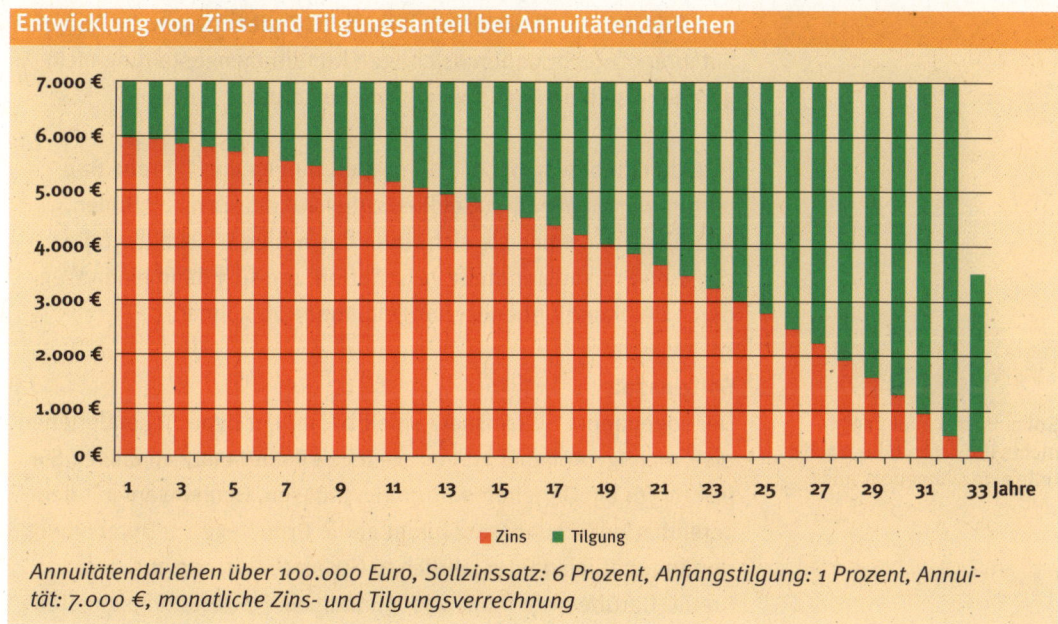

Entwicklung von Zins- und Tilgungsanteil bei Annuitätendarlehen

Annuitätendarlehen über 100.000 Euro, Sollzinssatz: 6 Prozent, Anfangstilgung: 1 Prozent, Annuität: 7.000 €, monatliche Zins- und Tilgungsverrechnung

Immer wieder für Verwirrung sorgt auch die Tatsache, dass ein Annuitätendarlehen umso schneller zurückgezahlt ist, je höher der Vertragszins ausfällt. Liegt dieser etwa bei 8 Prozent pro Jahr, sinkt die Gesamtlaufzeit bei 1-prozentiger Anfangstilgung auf rund 27,5 Jahre. Das liegt daran, dass bei der zu zahlenden höheren Monatsrate von 750 Euro bei fortgeschrittener Laufzeit natürlich auch mehr Mittel für die Tilgung zur Verfügung stehen. Unter dem Strich bringt die kürzere Gesamtlaufzeit aber nichts: Fünf Jahre Zeitvorsprung gegenüber dem 6-Prozent-Darlehen müssen nämlich mit um rund 20.400 Euro höheren Gesamtfinanzierungskosten bezahlt werden.

Je teurer das Darlehen, desto kürzer die Laufzeit

Konditionen der Annuitätendarlehen

Die Suche nach dem billigsten Annuitätendarlehen ist kein Kinderspiel. Der Preis, den die verschiedenen Finanzierer dafür verlangen, die benötigten Geldmittel bereitzustellen, setzt sich aus einer ganzen Reihe von Bestandteilen zusammen. Einfach wie beim Autokauf den Grundpreis und die Aufpreise für Sonderausstattungen zu addieren, das funktioniert hier nicht. Zudem tragen die Anbieter mit ihrer oft recht undurchsichtigen Konditionengestaltung nicht gerade dazu bei, den Vergleich zu erleichtern.

Trotzdem haben selbst in finanziellen Dingen unerfahrene Bauherren die Chance, den Geldinstituten auf den Zahn zu fühlen. Allerdings nur, wenn sie sich zuvor das nötige Wissen über die diversen Preisbestandteile verschaffen, um sich dann einen Weg durch den Konditionendschungel bahnen zu können.

Sollzinssatz

Sollzinssatz allein sagt nichts über Vor- oder Nachteile eines Angebots aus

Der sogenannte Sollzinssatz spielt bei jedem Hypothekendarlehen eine wichtige Rolle. Er gibt an, welchen Prozentsatz an Zinsen Sie im Jahr für ein Darlehen aufbringen müssen. Gemeinsam mit dem vereinbarten Tilgungssatz bildet er die Grundlage zur Berechnung der Annuität, also Ihrer jährlichen Gesamtbelastung aus dem Kredit. Darüber, wie teuer oder günstig ein Finanzierungsangebot ist, sagt der Sollzins allein allerdings überhaupt nichts aus. Um diese Frage zu beantworten, muss noch eine ganze Reihe anderer preisbeeinflussender Faktoren beachtet werden.

Zinsbindungsfrist (Sollzinsbindung)

Eine weitere – direkt mit dem Sollzinssatz in Verbindung stehende – Kondition ist die Zinsbindungsfrist, die im Bankenjargon auch als »Sollzinsbindung« bezeichnet wird. Wie lange Sie den aktuellen Marktzins festschreiben, bestimmen Sie selbst. Mit der Wahl einer bestimmten Zinsbindungsfrist legen Sie fest,

⋯⋗ wie lange Sie den bei Vertragsabschluss vereinbarten Zinssatz zahlen und damit auch

⋯⋗ über welchen Zeitraum sich Ihre laufende Ratenbelastung aus dem Hypothekendarlehen sicher kalkulieren lässt.

5, 10, 15 oder 20 Jahre binden?

Grundsätzlich bietet der Markt die Qual der Wahl zwischen Zinsfestschreibungen von zwei Jahren bis über die Gesamtlaufzeit des Kredits. Aber nicht alle Geldinstitute bieten alle Variationen an. Als Standard finden Sie bei den meisten Geldgebern Offerten für 5, 10 und 15 Jahre. Längere Zinsbindungen von 20 Jahren haben vor allem Hypothekenbanken und Versicherungen im Angebot. Eine große Auswahl über das gesamte Spektrum bieten einige

Darlehensvermittler, denn sie können die Angebote verschiedener Banken bündeln. Da kann der Zins dann auch schon mal über 7 oder 12 Jahre festgeschrieben werden.

Normalerweise können Sie davon ausgehen, dass Sie eine längere Zinsbindungsfrist mit einem höheren Zinssatz bezahlen müssen. Aufgrund bestimmter wirtschaftlicher Konstellationen kann allerdings im Ausnahmefall auch einmal die umgekehrte Situation eintreten. Dann bieten die Kreditinstitute bei langen Zinsbindungsfristen günstigere Konditionen als im kurzfristigeren Bereich. Bei diesen Bedingungen sprechen die Fachleute von einer inversen Zinsstruktur. **In der Regel gilt jedoch: je länger die Zinsbindungsfrist, desto höher der Zinssatz.**

Dies trifft insbesondere für Phasen niedriger Marktzinsen zu. Weshalb das so ist, zeigt der Blick auf den Kapitalanlagemarkt. Denn auch hier bekommen Anleger höhere Zinserträge, wenn sie ihr Erspartes längerfristig anlegen. Folglich müssen die Baufinanzierer für langfristige Kreditgelder auch einen höheren Einkaufspreis an die Anleger zahlen. Und der wird – zuzüglich Gewinnspanne – natürlich an die Darlehensnehmer weitergegeben. Bei einer Zinsbindung von 15 Jahren kann der Kreditzins so durchaus um einen Prozentpunkt höher liegen als bei einer 5-Jahres-Kondition.

Der Gegenwert für diesen Preis ist allerdings nicht zu unterschätzen: Mit der Vertragsunterschrift schließen Sie für die nächsten 15 Jahre böse Überraschungen bei der Kreditbelastung aus. Entscheiden Sie sich für die billigere Kurzfristvariante, geht dagegen das Bangen um steigende Ratenbelastungen schon nach wenigen Laufzeitjahren los. Sinnvoll ist diese Wahl deshalb nur in Zeiten überdurchschnittlich hoher Hypothekenzinsen, in denen es zukünftig eigentlich nur günstiger werden kann.

Wichtig! Der vorzeitige Ausstieg ist bei Darlehen mit Zinsbindung grundsätzlich nicht möglich. Hier besteht eine Ausstiegsoption erst zum Ablauf der Festschreibungsfrist. Nur bei langen Zinsbindungen besteht die Möglichkeit, nach 10 Jahren – gerechnet vom Zeitpunkt der Vollauszahlung des Kredits – mit sechsmonatiger Frist kündigen zu können. Tritt durch besondere Umstände, wie etwa

Tipp

Vergleichen Sie Angebote nie allein anhand des angegebenen Sollzinssatzes!

Langfristige Zinsbindung gibt langfristige Sicherheit

den Verkauf der Immobilie, ein vorzeitiges Vertragsende ein oder stimmt der Kreditgeber einer vorzeitigen Umschuldung zu, so hat das immer finanzielle Folgen. Der dadurch entstehende Zinsverlust wird Ihnen in Rechnung gestellt. Das Stichwort: Vorfälligkeitsentschädigung (⋯⋙ Seite 136).

Variable Zinsvereinbarung bei Erwartung fallender Zinsen

Manche Kreditinstitute bieten auch eine variable Zinsvereinbarung an. Hierbei kann der Kreditgeber den Vertragszins den jeweils veränderten Marktverhältnissen anpassen – und zwar sowohl nach oben wie nach unten. Damit schwankt natürlich auch die laufende Rate. Der Vorteil für Sie: Variable Darlehen können jederzeit mit einer dreimonatigen Frist gekündigt werden. Allerdings bringen variable Darlehen auch hohe Risiken mit sich, denn mit jedem Anstieg der Marktzinsen verteuern sich mit sofortiger Wirkung auch die Zinskosten für die Finanzierung.

Variable Vereinbarung prüfen, wenn bald eine große Summe zurückgezahlt werden kann

Sinnvoll kann eine variable Zinsvereinbarung eigentlich nur dann sein, wenn Sie die Kreditmittel lediglich kurzfristig benötigen, weil beispielsweise in nächster Zeit eine größere Erbschaft ansteht. Vor allem wenn nicht genau feststeht, wann die Gelder fließen, bieten variable Kredite eine gute Möglichkeit, die Schulden dennoch ohne größere Wartezeiten abtragen zu können. Allerdings sollten Sie auch dann auf einen wichtigen Punkt achten: Akzeptieren Sie nur einen Kreditvertrag, in dem das Geldinstitut die Anpassung des Kreditzinses fest an einen neutralen Kapitalmarktzins koppelt. Sonst droht Ihnen das, was viele Bauherren in der Vergangenheit erfahren mussten: Bei steigenden Marktzinsen wurde der Vertragszins sofort angepasst, bei fallenden nur mit Verspätung oder gar nicht.

Kurze Laufzeit bei niedrigem Zins nur, wenn Vertrag nach Laufzeitende nicht verlängert werden muss

Wie finden Sie die richtige Zinsbindung? Die entscheidende Einflussgröße für die Wahl der richtigen Zinsbindung ist das jeweilige Zinsniveau. Bietet der Markt Hypothekenkonditionen, die – wie in den letzten Jahren – um zwei und mehr Prozentpunkte unter dem langfristigen Durchschnittszins von rund 7 Prozent liegen, gibt es nur eine Devise: So lange wie möglich sichern! Laufzeiten von unter zehn Jahren kommen nur dann infrage, wenn der Kredit an deren Ende abgelöst werden soll, beispielsweise durch einen zuteilungsreifen Bausparvertrag. In solch goldenen

Zeiten mit kurzen Zinsfestschreibungen darauf zu spekulieren, dass die Zinsen noch tiefer in den Keller gehen, wäre zu riskant. Denn der Schuss kann schnell nach hinten losgehen. Ziehen die Marktzinsen plötzlich wieder an, stehen Sie unter Umständen bereits nach wenigen Jahren mit einer deutlich höheren Belastung da. Hält das Haushaltsbudget diese nicht aus, droht das Scheitern der Finanzierung und das Ende des Traums vom Eigenheim. Das gilt auch in Zeiten teurer Baudarlehen. Wer noch weiter steigende Zinsen nicht verkraften kann, muss in den sauren Apfel beißen und die ungünstigen Konditionen aus Sicherheitsgründen auf zehn Jahre festschreiben.

Die richtige Lösung kann aber auch in einem goldenen Mittelweg liegen. Denn Sie müssen sich nicht unbedingt nur für eine Zinsfestschreibungsfrist entscheiden. Der Trick: Sie teilen das benötigte Gesamtdarlehen in zwei oder drei Teilbeträge auf. Für jedes Teildarlehen kann dann eine andere Zinsbindung vereinbart werden. Mit dem richtigen Laufzeitenmix schlagen Sie gleich mehrere Fliegen mit einer Klappe. Wird das Kreditvolumen zum Beispiel auf 10 und 15 Jahre gesplittet, profitieren Sie zumindest teilweise von den günstigeren 10-Jahres-Konditionen, ohne gleichzeitig für die gesamte Darlehenssumme nach 10 Jahren einen Ratenanstieg bei höherem Anschlusszins zu riskieren. Beim Finanzierungsstart in der Hochzinsphase kann eine Aufteilung auf 5 und 10 Jahre den Mittelweg zwischen Belastungssicherheit und Hoffnung auf sinkende Marktzinsen bilden. Wie stark Sie welches Ziel gewichten wollen, entscheiden Sie einfach damit, wie Sie die jeweiligen Teildarlehensbeträge festlegen.

Laufzeitenmix: zwischen Risikominimierung und flexiblen Wechselmöglichkeiten abwägen

Allerdings darf im Rahmen des Laufzeit-Splittings ein wichtiger Aspekt nicht übersehen werden: Ein späterer Wechsel des Finanziers wird dadurch erschwert. So lässt sich ein Darlehen mit 15 Jahren Zinsbindung erst 10 Jahre nach der Vollauszahlung mit sechsmonatiger Frist kündigen, während die Zehnjahreshypothek sofort zum Ablauf umgeschuldet werden kann. Ein Geldgeberwechsel müsste also in zwei Etappen erfolgen. Das ist in der Praxis oft nicht einfach, weil der neue Darlehensgeber mit seinem Grundpfandrecht sofort an die – dann noch besetzte – erste Stelle ins Grundbuch will. Vermeiden lässt sich das Problem, indem der

Laufzeitensplitting macht Wechsel des Finanziers schwer

Betrag des kürzer laufenden Kredits so gewählt wird, dass das Darlehen am Ende der Laufzeit komplett getilgt ist oder mit hoher Wahrscheinlichkeit durch eine Sonderzahlung abgelöst werden kann. Oder es wird bei einem Mix von 10 und 15 Jahren Zinsbindung gleich eine Bindung von 10,5 Jahren gewählt – wenn der Finanzierer das mitmacht. Wird das Problem bei Vertragsabschluss übersehen, kann es passieren, dass der Darlehensgeber bei der Anschlussfinanzierung an der Zinsschraube dreht, weil er weiß, dass der Kreditnehmer nicht wechseln kann.

Die Wahl der richtigen Zinsbindung bzw. des richtigen Mix sollte also gut überlegt sein. Es gilt vor allem bewusst zu entscheiden, ob Ihnen das Mehr an Zinssicherheit, das eine längere Zinsfestschreibung bietet, den geforderten Zinsaufpreis wert ist. Verlässliche Antworten gibt es dabei leider nur im Nachhinein. Denn entscheidend ist letztlich die Zinssituation nach Ablauf der Zinsbindung. Treffen Sie nach 10 Jahren auf einen stark verteuerten Hypothekenmarkt, werden Sie wahrscheinlich der längeren Festschreibung nachtrauern. Ist Baugeld weiterhin günstig, werden Sie froh sein, den Zinsaufschlag gespart zu haben.

Als wichtige Entscheidungshilfe sollten Sie in diesem Zusammenhang eine Kennziffer kennen: den **kritischen Anschlusszins.** Was es damit auf sich hat, zeigt das nebenstehende Beispiel.

Kennen Sie den kritischen Zins, liegt es nun bei Ihnen, die zukünftige Zinsentwicklung einzuschätzen. Gehen Sie davon aus, dass der Marktzins für 5-jährige Festzinsdarlehen in 10 Jahren höher als der kritische Zins liegen wird, ist die Entscheidung klar: Sie vereinbaren eine Zinsfestschreibung von 15 Jahren. Gehen Sie dagegen

---

Beispiel

Nehmen wir an, Sie müssen entscheiden, welche Zinsbindung bei einem benötigten 100.000-Euro-Kredit vereinbart werden soll. Zur Auswahl steht eine Zinsfestschreibung von 10 Jahren zu einem Sollzins von 6 Prozent p. a. (effektiv: 6,17 Prozent p. a.) und eine 15-jährige Konditionenbindung zu 6,3 Prozent p. a. (Effektivzins: 6,49 Prozent p. a.). Bei 1 Prozent jährlicher Anfangstilgung beträgt die Rate für die Langfristvariante monatlich 608,33 Euro. Nach 10 Jahren Laufzeit steht auf dem Kreditkonto noch eine Restschuld von 86.118 Euro zu Buche. Am Ende der 15 Jahre beträgt die Valuta 75.135 Euro.

Fließen die gleichen Beträge in das zinsgünstigere Angebot mit zehnjähriger Zinsbindung, erhöht sich die Anfangstilgung auf 1,3 Prozent p. a. Die Folge: Nach zehn Jahren saldieren sich die Schulden nur noch auf 82.246 Euro. Der Vorteil gegenüber der Langfristabsicherung: 3.872 Euro. Allerdings werden jetzt die Karten neu gemischt. Denn die Zinshöhe für die nächsten Jahre bestimmt der aktuelle Marktzins. Um nach 15 Jahren nicht schlechter dazustehen als beim Alternativangebot, darf die Anschlussfinanzierung für die nächsten 5 Jahre in diesem Fall nicht teurer als effektiv 7,70 Prozent p. a. ausfallen – der kritische Anschlusszins.

auch in Zukunft von günstigeren Marktverhältnissen aus, sparen
Sie sich den Zinsaufschlag und hoffen, dass sich Ihre Einschätzung
nach 10 Jahren bestätigen wird.

In gleicher Weise lässt sich natürlich auch ein kritischer Zins für
alle anderen denkbaren Optionen bei der Wahl der Laufzeit, etwa
5 und 10 Jahre oder 15 und 20 Jahre, ermitteln. Eigenständig lösen
können diese Aufgaben allerdings wohl nur Hobbymathematiker.
Von Bankmitarbeitern und Vermittlern, die sich als Finanzierungs-
fachleute vorstellen, sollten Sie das aber verlangen. Keine schlechte
Möglichkeit, um deren Fachwissen zu testen! Müssen die Anbieter
passen, wenden Sie sich an die Verbraucherzentralen (Adressen
⸺⸢ Seite 163). Im Rahmen unserer persönlichen Finanzierungsberatung führen wir auch solche Vergleichsrechnungen durch.

Disagio

Beim Blick auf die Konditonentableaus mancher Geldinstitute – da-
runter auch der staatlichen Förderbank KfW – wird Ihnen vermut-
lich schnell auffallen, dass manche Darlehen zwar einen sehr niedrigen Sollzins aufweisen, aber
nicht in voller Höhe, sondern
beispielsweise nur zu 98 Prozent ausgezahlt werden. Hierbei
handelt es sich um eine Spielart
der Zinsgestaltung, für die ein
Fachbegriff steht: das Disagio. Dieses wie viele Begriffe
der Bankensprache aus dem
Italienischen stammende Wort lässt sich auch ganz einfach als
»Abgeld« oder »Abschlag« übersetzen. Dabei steht das Disagio –
zum Teil wird auch von »Damnum« gesprochen – für die Differenz
zwischen dem 100 Prozent entsprechenden Nominalbetrag des
Darlehens und dem tatsächlichen Prozentsatz der Auszahlung.

> **Beispiel**
>
> Beim Abschluss eines Kredits über 100.000 Euro vereinbaren
> Sie ein 2-prozentiges Disagio. Die Vereinbarung verbirgt sich
> im Vertrag oft hinter Bezeichnungen wie »Auszahlung der Dar-
> lehenssumme zu 98 Prozent«. Ausgezahlt wird dann nur ein
> Betrag von 98.000 Euro. Zurückzahlen und verzinsen müssen
> Sie dagegen volle 100.000 Euro.

Nun werden Sie sich berechtigterweise fragen, was dieses vermeintliche Zahlenspiel überhaupt soll. Wer möchte schon Geld
zurückzahlen und verzinsen, das er überhaupt nicht bekommen
hat? Die Antwort liefert der Blick darauf, um welche Art von Kosten
es sich bei einem Disagio überhaupt handelt. Die einbehaltenen

**Disagio sind »Zinsen«, die
sofort fällig sind**

Beträge sind nämlich ganz einfach Zinsen – allerdings mit der Besonderheit, dass sie nicht erst ratenweise während der Vertragslaufzeit, sondern schon vorab in einer Summe gezahlt werden.

Dafür gibt es an anderer Stelle einen Nachlass vom Kreditgeber: beim Sollzins. Je höher das Disagio ausfällt, desto stärker sinkt der Sollzins und mit ihm auch die monatliche Zinsbelastung. Wirklich billiger wird der Kredit dadurch aber nicht. Denn in der Regel fällt der effektive Jahreszins bei Vollauszahlung der Kreditsumme und bei den verschiedenen Disagio-Varianten gleich aus. Ein weiterer Beleg dafür, dass der Sollzins nicht zum Angebotsvergleich taugt.

Beispiel

Eine Bank bietet 10-jährige Hypothekendarlehen mit einem Auszahlungssatz von 100 Prozent für einen Sollzins von 6 Prozent pro Jahr an. Bei einer Auszahlung von nur 90 Prozent – also einem 10-prozentigen Disagio – sinkt der Sollzins auf 4,60 Prozent. Die Belastungsrechnung sieht dann bei einer Anfangstilgung von jährlich 1 Prozent folgendermaßen aus: Ohne Disagio müssen Sie monatlich 583,33 Euro an die Bank überweisen, mit Disagio nur 466,67 Euro.

Die geringere Ratenbelastung ist trotzdem eine verlockende Aussicht. Denn wer möchte nicht den laufenden Aufwand für die Finanzierung so gering wie möglich halten, um auch noch Geld für andere Dinge im Leben zu haben? Den Effekt zeigt das Vergleichsbeispiel links.

Dagegen hilft nur eins: Wenn Sie wirklich in einem vernünftigen Zeitraum von den Schulden herunterkommen wollen, müssen Sie bei Disagio-Darlehen eine höhere Tilgung vereinbaren als beim klassischen Darlehen. Damit steigen jedoch die monatlichen Kreditraten und der vermeintliche Vorteil entpuppt sich als Milchmädchenrechnung.

Beispiel

Bei einem Darlehen von 100.000 Euro und Disagio von 10 Prozent sieht die Rechnung für die Disagio-Variante dann folgendermaßen aus:

$$\frac{100.000\ € \times 100\ \%}{90\ \%} = 111.111\ €$$

Bei Wahl des 10-prozentigen Disagios müssen Sie also 111.111 Euro Kredit aufnehmen, um unter dem Strich die benötigten 100.000 Euro zu bekommen. Als Disagio würden dann 11.111 Euro abgezogen. Um die monatliche Rate zu ermitteln, ist der Sollzinssatz von 4,6 Prozent jetzt natürlich auf die höhere Kreditsumme zu berechnen. Die Monatsrate inklusive Tilgungsanteil steigt dadurch auf 518,52 Euro, liegt aber immer noch um rund 65 Euro unter der Belastung des Normalkredits.

Wie der in den Beispielen gezeigte Vergleich der jeweiligen Restschuld offenbart, werden durch ein Disagio und die damit verbundene Absenkung der Kreditraten die Finanzierungskosten letztlich nur in die Zukunft verschoben. Zudem steigt durch die höhere Darlehenssumme bei der Anschlussfinanzierung die Gefahr, bei kräftig gestiegenen Marktzinsen die monatlichen Raten nicht mehr bedienen zu können. Zumal hier der Sprung deutlich größer ausfällt als beim Normaldarlehen, da die Rate durch das Disagio in der ersten Finanzierungsphase künstlich gedrückt wurde.

Lange vorbei sind die Zeiten, in denen sich mit einem Disagio Steuern sparen ließen. Der entsprechende Sonderausgabenabzug fiel schon im Jahr 1996 dem Rotstift zum Opfer. Nur Vermieter haben heute noch unter bestimmten Bedingungen die Möglichkeit, ein Disagio Steuer sparend abzusetzen.

Viele Anbieter haben daraus ihre Konsequenzen gezogen und bieten Eigenheimkäufern erst gar keine Disagio-Varianten mehr zur Auswahl an. Vor schwarzen Schafen sind Sie dadurch aber nicht gefeit. Beachten Sie deshalb: Vereinbaren Sie ein Disagio nie, um die laufende Finanzierungsbelastung zu senken! Dies gilt vor allem dann, wenn Sie nicht in der Lage sind, die bei einer 100-prozentigen Auszahlung des Darlehens entstehenden Zins- und Tilgungsbeträge zu tragen. Vor allem unseriöse Vermittler nutzen ein hohes Disagio gern als »Wundermittel«, um ihren Kunden vorzugaukeln, dass eine Finanzierung und deren Folgebelastungen ohne Probleme realisierbar sind.

Hohes Disagio: beliebter Trick, um über Folgebelastungen zu täuschen

Tilgungssatz und Sondertilgungen

Wie lange Sie Ihre Schulden abzahlen müssen, hängt vor allem davon ab, welchen **Tilgungssatz** Sie mit Ihrem Kreditgeber bei Vertragsabschluss vereinbaren. Als Standard sehen die meisten Finanzierer eine anfängliche Tilgung von 1 Prozent der Darlehenssumme vor. Wie Sie bereits gesehen haben, kommen im Lauf der Zeit die ersparten Zinsen hinzu. In Zeiten niedriger Marktzinsen ist es sinnvoll, von vornherein eine höhere Anfangstilgung zu vereinbaren. Während in den meisten Fällen dabei die Wahl zwischen bestimmten Prozentsätzen – etwa 1,5 Prozent, 2 Prozent oder 3 Prozent – besteht, bieten einige Anbieter auch die Option, dass Kreditnehmer einfach ihre Wunschrate festlegen können. Da kann der anfängliche Tilgungssatz dann auch schon mal einen völlig krummen Wert haben. Wie so vieles ist aber auch die Tilgungsgestaltung letztlich Verhandlungssache.

Schneller schuldenfrei durch höhere Tilgungsrate

Wenn es Ihr Haushaltsbudget erlaubt, sollten Sie immer über eine höhere Tilgung nachdenken. Im Normalfall ist es – die eiserne Reserve ausgenommen – wenig sinnvoll, Geld anzusparen, das auch zur Schuldenrückzahlung verwendet werden könnte. Denn dafür gibt es gewöhnlich geringere Zinsen, als Sie auf der anderen Seite an die Bank oder Sparkasse zahlen müssen. Ihre Anlagerendite bei der Tilgung ist der ersparte Effektivzins des Darlehens. Und die gibt es zudem völlig steuerfrei, ohne den Sparerfreibetrag zu belasten. Nur wenn Sie zu extrem günstigen Konditionen in die Finanzierung eingestiegen sind und anschließend die Kapitalmarktzinsen kräftig anziehen, kann der Ertrag einer Kapitalanlage die Tilgungsrendite schlagen. Dann sollte das angesparte Geld aber spätestens nach Ablauf der Zinsbindung zur Sondertilgung verwendet werden.

Unerfahrene Bauherren unterschätzen oft das mit höheren Tilgungen verbundene Einsparpotenzial. Wer mit einem höheren Tilgungssatz in die Finanzierung einsteigt, wird aber mit deutlich schnellerer Schuldenfreiheit und stark sinkenden Finanzierungskosten belohnt. Das zeigt auch das Beispiel links.

Mit relativ geringem Einsatz können Sie bei Hypothekendarlehen also hohe Kostenersparnisse erzielen. Das zeigen auch die in der folgenden Tabelle enthaltenen weiteren Rechenbeispiele. Alle Berechnungen gelten allerdings nur für den Fall, dass der angenommene Zinssatz von 6 Prozent während der gesamten Darlehenslaufzeit bestehen bleibt. Durch Zinsveränderungen bei der Anschlussfinanzierung variieren auch

Beispiel

Für ein Standarddarlehen über 100.000 Euro mit 1-prozentiger Anfangstilgung und einer Auszahlung von 100 Prozent wird bei einem Vertragszins von jährlich 6 Prozent monatlich eine Zins- und Tilgungsrate von 583,33 Euro fällig. Angenommen, diese Konditionen blieben über die Gesamtlaufzeit konstant, wäre der letzte Euro nach rund 32 Jahren und 7 Monaten (bei monatlicher Zins- und Tilgungsverrechnung) zurückgezahlt. Insgesamt müssen Sie während dieser Zeit 227.590 Euro an die Bank überweisen. Nach Abzug des Darlehensbetrags verbleiben reine Zinskosten in Höhe von 127.590 Euro.

Vereinbaren Sie eine Anfangstilgung von 2 Prozent, steigt die Monatsrate auf 666,67 Euro. Unter sonst gleichen Voraussetzungen verkürzt sich die Laufzeit durch die höhere Tilgung aber auf 23 Jahre und 2 Monate. Als reine Zinskosten müssen Sie 85.301 Euro verbuchen. Der monatliche Mehraufwand von rund 83 Euro wird also damit belohnt, dass Sie 9 Jahre und 5 Monate früher schuldenfrei sind und dadurch satte 42.289 Euro Zinsen sparen.

So wirken sich unterschiedliche Tilgungsraten aus

Darlehensbetrag: 100.000 Euro, Sollzinssatz 6 Prozent p. a.

Anfangstilgung p. a.	1 %	1,5 %	2 %	2,5 %	3 %
Monatsrate	583,33 €	625 €	666,67 €	708,33 €	750 €
Restschuld nach 10 Jahren	86.343 €	79.515 €	72.868 €	65.858 €	59.030 €
Gesamtlaufzeit	32 J. 7 Mte.	26 J. 11 Mte.	23 J. 2 Mte.	20 J. 6 Mte.	18 J. 5 Mte.
Gesamtaufwand	227.590 €	201.682 €	185.301 €	173.801 €	165.203 €
Zinskosten	127.590 €	101.682 €	85.301 €	73.801 €	65.203 €

100 Prozent Auszahlung, monatliche Zins- und Tilgungsverrechnung

die konkreten Endergebnisse. Die generelle Größenordnung der Einsparmöglichkeiten bleibt aber bestehen. Außerdem zeigt schon der Blick auf die nach Ablauf einer zehnjährigen Zinsbindung bestehenden Restschulden, dass sich die höhere Tilgung lohnt. Bei 2 Prozent Anfangstilgung stehen Sie dann schon mit 13.475 Euro weniger in der Kreide als im Standardfall.

Aber nicht nur höhere Tilgungsraten bringen massive Vorteile. Auch einmalige **Sondertilgungen** entwickeln ähnliche Effekte. Wird in dem Kredit des Rechenbeispiels (100.000 Euro, 6 Prozent jährlich Sollzins, 1 Prozent Anfangstilgung) nach 5 Jahren eine Sonderzahlung von 10.000 Euro eingeschossen, hat das folgende Auswirkungen: Nach 10 Jahren liegt die Restschuld mit 72.854 Euro schon um fast 13.500 Euro niedriger und bei konstantem Zins verkürzt sich die Laufzeit um 6 Jahre und 2 Monate auf 26 Jahre und 5 Monate. Das bringt unter dem Strich immerhin eine Kostenersparnis von 33.039 Euro.

Sondertilgungsmöglich-keiten nutzen

Wenn Sie von diesen Optionen profitieren wollen, müssen Sie allerdings die Voraussetzungen dafür schaffen. Und zwar schon *vor* Vertragsabschluss. Denn es gibt keinen gesetzlichen Anspruch darauf, neben der normalen Tilgungsrate Sonderzahlungen leisten zu dürfen. Bereits wenn Sie Finanzierungsangebote einholen, sollten Sie die angesprochenen Geldinstitute über Ihre Sondertilgungswünsche informieren. Mittlerweile sind viele Kreditgeber zu entsprechenden Vereinbarungen bereit. In der Praxis kann

Sondertilgungsrecht nur bei vertraglicher Vereinbarung

deren Ausgestaltung recht unterschiedlich aussehen. Entweder wird ein jederzeitiges unbeschränktes Sondertilgungsrecht vereinbart – was aber eher selten geschieht – oder es wird ein bestimmter Betrag oder ein Prozentsatz der Kreditsumme festgelegt, den Sie pro Jahr zusätzlich zurückzahlen können. Wird davon in einem Jahr nicht Gebrauch gemacht, lässt sich der Anspruch regelmäßig nicht in die Folgejahre mitnehmen. Wie auch immer das Sondertilgungsrecht gestaltet wird, auf eins ist zu achten: Es muss schwarz auf weiß im Vertrag stehen. Nur dann können Sie später darauf bestehen, Sondertilgungen auf Ihr Darlehenskonto zu zahlen.

Das gilt auch für die mittlerweile von einigen Geldgebern angebotene **Möglichkeit, während der Vertragslaufzeit den anfänglichen Tilgungssatz zu senken oder zu erhöhen.** Dabei kann teilweise zwischen einer Spanne von 1 bis 10 Prozent gewählt und sogar mehrfach gewechselt werden. Eine interessante Option vor allem für Bauherren, bei denen das Familieneinkommen deutlich schwanken kann.

Klug über Rückzahlungsoptionen verhandeln

Kostenlos sind nicht alle Kreditinstitute zu einem solchen Entgegenkommen bei den Rückzahlungsmodalitäten bereit. Je nachdem wie umfangreich die Tilgungsoptionen ausfallen, können Zinsaufschläge die Folge sein. Allerdings ist auch hier Ihr Verhandlungsgeschick gefragt – zumal es günstige Anbieter gibt, die komplett auf Sonderzuschläge verzichten. Generell ist der Einbau solcher Optionen immer empfehlenswert, da sie bei einer vorzeitigen Darlehensablösung die Vorfälligkeitsentschädigung deutlich senken. Mehr dazu finden Sie auf Seite 137.

Zins- und Tilgungsverrechnung

Sehr eng mit Sollzins und Tilgungssatz ist eine weitere Darlehenskondition verbunden: die vom Kreditgeber praktizierte Zins- und Tilgungsverrechnung. Um zu erfassen, wie Ihre Darlehensraten auf dem Kreditkonto verbucht werden, müssen Sie sich bei der Bewertung von Angeboten folgende Fragen stellen, deren Antwort Sie oft nur im Kleingedruckten finden:

····> Zu welchen Zeitpunkten sind die laufenden Raten für Zinsen und Tilgung zu zahlen?

⌁⋙ Wann werden die gezahlten Leistungen auf dem Darlehenskonto zinswirksam verrechnet?

Es ist nämlich nicht automatisch der Fall, dass Ihre Raten sofort
mit der Verbuchung auch wirklich angerechnet werden. Vertrags-
formulierungen wie »... die Zinsen werden vom jeweiligen Stand
des Kapitals am Schluss des
vergangenen Kalendervierteljah-
res berechnet« regeln die Sache
ganz anders. So kann es im
Extremfall sein, dass Sie zwar
Monat für Monat brav Ihre Raten
überweisen, die Bank sie auf
Ihrem Kreditkonto aber erst am
Ende des Jahres verrechnet. Der
Effekt: Sie zahlen Zinsen für Schulden, die schon längst beglichen
wurden. Das verteuert den Kredit deutlich.

> **Beispiel**
>
> Bei einer sofortigen Verrechnung der monatlichen Zins- und Til-
> gungsraten beträgt der anfängliche effektive Jahreszins eines
> mit nominal 6 Prozent pro Jahr zu verzinsenden und mit 1 Pro-
> zent zu tilgenden Hypothekenkredits 6,17 Prozent pro Jahr.
> Werden die monatliche Raten dagegen erst am Jahresende ver-
> rechnet, steigt der Effektivzins auf jährlich 6,21 Prozent.

Zwar kann jede Bank die Zahlungs- und Verrechnungstermine von
Raten trennen; der damit verbundene Teuerungseffekt wird aber
erfasst und offengelegt, und zwar bei der Ermittlung des effektiven
Jahreszinssatzes. Heutzutage kann es Ihnen also egal sein, wie die
Bank rechnet. Der Effektivzinsvergleich schafft Klarheit über den
Kosteneffekt.

Bearbeitungs- oder Vermittlungsgebühr

Nach wie vor gibt es vor allem im Kreis der Bausparkassen einige
Geldinstitute, die ihren Verdienst nicht nur aus dem Zinsgewinn
ziehen, sondern Ihnen zusätzlich eine Bearbeitungsgebühr von
meist 0,5 oder 1 Prozent der Darlehenssumme abverlangen. Was
bei den Beträgen, um die es geht, kein Pappenstiel ist. Viele
Finanzierer haben sich von dieser Gebührenpraxis aber mittlerweile verabschiedet und kalkulieren ihre Ertragsanteile komplett
in den Vertragszins ein.

Da solche Abschlusskosten in den Effektivzins eingerechnet
werden müssen, können Sie sie aber in Kauf nehmen, sofern
das Angebot insgesamt günstig ist. Allzu lange dürften die

Bearbeitungskosten nach Auffassung der Verbraucherzentralen aber ohnehin keine Rolle mehr spielen, da sie bereits mehrfach erfolgreich juristisch gegen diese und ähnliche Gebühren vorgegangen sind.

Effektiver Jahreszinssatz

Beim Lesen der letzten Abschnitte werden Sie sich wahrscheinlich nicht nur einmal die Frage gestellt haben, wie Sie all diese verschiedenen Preisbestandteile eines Hypothekendarlehens unter einen Hut bringen sollen, um das günstigste Angebot herausfinden zu können.

Effektiver Jahreszins hilft beim Angebotsvergleich

Glücklicherweise haben sich bereits vor Jahren Politiker, Finanzierungsexperten und Mathematiker den Kopf darüber zerbrochen. Das Ergebnis ihrer Überlegungen: der effektive Jahreszinssatz. Dieser Zins, der auf der Basis eines gesetzlich fest vorgegebenen Rechenmodells zu ermitteln ist, soll die jährlichen Gesamtkosten eines Kredits in einem Prozentsatz zusammenfassen. Das Ziel: Verbraucher sollen Kreditangebote durch Gegenüberstellung der effektiven Jahreszinssätze schnell vergleichen können. Deshalb verpflichtet § 4 der Preisangabenverordnung die Anbieter zur Angabe des Effektivzinses bei allen Kredit- und Finanzierungsangeboten.

Bei der Berechnung des Effektivzinssatzes von Hypothekendarlehen müssen alle in diesem Abschnitt bisher angesprochenen Preisbestandteile berücksichtigt werden, also Sollzinssatz, Zinsbindungsfrist, Disagio, Tilgungssatz, Zeitpunkt der Verrechnung von Zins- und Tilgungsleistungen sowie die Bearbeitungs- oder Vermittlungsgebühr.

Gesetzliche Neuregelung schafft Probleme

Eigentlich müsste die Suche nach dem günstigsten Hypothekenkredit jetzt ein Klacks sein. Doch das vereitelte im Jahr 2010 der Gesetzgeber mit einer Neuregelung, die eine folgenschwere Panne enthielt. Denn bislang galt als Allgemeinwissen: der Effektivzins ist stets höher und nie kleiner als der Sollzins. Doch mittlerweile gibt es Darlehensangebote, bei denen der angegebene Effektivzins unter dem Sollzins liegt.

Hintergrund für dieses Kuriosum ist die Umsetzung der europäischen Kreditrichtlinie in deutsches Recht und speziell in die deutsche Preisangabenverordnung. Eine der Neuigkeiten dabei ist: Der effektive Jahreszins ist nun auch bei Immobilienkrediten für die gesamte planmäßige Laufzeit zu berechnen. Bislang war das anders. Da bei Immobilienkrediten üblicherweise der Zinssatz nicht für die gesamte Laufzeit festgeschrieben wird, wurde der Effektivzins auch nur für die Dauer der Zinsfestschreibung berechnet. Da niemand weiß, wo später der Zinssatz für die Anschlussfinanzierung liegen wird, ist das auch die einzig richtige Methode.

Sie wurde jetzt allerdings aufgegeben – und zwar im Wesentlichen, um Lockvogelangeboten in anderen europäischen Ländern den Garaus zu machen. Für Deutschland hat das aber zur Folge, dass der Effektivzins unter Umständen zu niedrig ausgewiesen wird – bis hin zu dem Unfug, dass der angegebene Effektivzins unter dem Sollzins liegt, also dem Zinssatz, mit dem die zu zahlenden Zinsen berechnet werden. Zu unterscheiden sind in der Praxis drei Fälle.

⸺⸽ Erster und eher seltener Fall: Zum Ablauf der Zinsfestschreibung ist vertraglich die Rückzahlung des verbleibenden Darlehens vereinbart; die Zinsfestschreibung entspricht also der planmäßigen Darlehenslaufzeit. In diesem Fall ändert sich an der bisherigen Effektivzinsberechnung nichts.

⸺⸽ Zweiter Fall: Der Vertrag sieht vor, dass die Bank am Ende der Zinsbindungsfrist einen neuen Zinssatz für die Anschlussfinanzierung anbietet. Können sich die Vertragsparteien nicht einigen, ist das Darlehen zurückzuzahlen. In diesem Fall muss nun bei der Berechnung des Effektivzinses unterstellt werden, dass der Anschlusszins gleich hoch ist wie der anfängliche Soll- oder Sollzins. Dies entspricht der früheren Vorgehensweise.

⸺⸽ Zum Kuriosum führt der dritte Fall: Vor allem bei den Sparkassen sehen die Verträge vor, dass das Darlehen nach Auslaufen der Zinsfestschreibung mit einem variablen Zins fortgesetzt wird, wenn sich die Vertragsparteien nicht auf einen neuen Festzins einigen. Hier bestimmt die Preisangabenverordnung nun Folgendes: Ist im Darlehensvertrag angegeben, wie sich der spätere variable Anschlusszins mit Bezug auf einen Referenzzins ergibt, dann ist dessen Höhe zum Zeitpunkt des Vertragsabschluss anzusetzen.

Liegt der variable Zins deutlich unter den Zinssätzen für 10- oder 15-jährige Zinsbindungen, sieht man plötzlich Angebote mit – beispielsweise – einem Sollzins von 4,1 Prozent und einem Effektivzins von 3,02 Prozent. Das ist natürlich völlig irreführend und für einen Vergleich mit anderen Angeboten gänzlich ungeeignet.

Wie können Sie nun dem Zins-Wirrwarr entkommen? Es gibt zwei Möglichkeiten. Sie bestehen darauf, dass alle anbietenden Banken den Effektivzins nach der zweiten Variante ermitteln. Wenn sich die Kreditinstitute weigern, hilft nur noch eines: Lassen Sie sich alle Kredite mit derselben Darlehenshöhe, Zinsbindungsfrist und Monatsrate anbieten – dann ist der Kredit mit der niedrigsten Restschuld am Ende der günstigste.

Bereitstellungszinsen

Bereitstellungszinsen sind Zinsen auf noch nicht gezahltes Geld

Eine nicht in den Effektivzins einfließende Einnahmequelle der Geldinstitute sind die sogenannten **Bereitstellungszinsen.** Denn die Geldgeber berechnen nicht nur Zinsen auf die bereits ausgezahlten Darlehensbeträge. Auch für die zur Auszahlung bereitgehaltenen, aber noch nicht vom Kunden abgerufenen Gelder werden Zinsen fällig. Diese Situation tritt vor allem bei Bauvorhaben ein, da hier der Kredit nicht in einer Summe, sondern in Raten nach Baufortschritt ausgezahlt wird. Die Bereitstellungszinsen sollen zum Ausgleich des Zinsverlustes dienen, der dem Kreditgeber durch die Bereithaltung des noch nicht ausgezahlten Darlehensteils angeblich entsteht.

Tipp

Versuchen Sie, zumindest die Karenzfrist bis zum Start der Zinsberechnung durch Verhandlungen zu verlängern. Jeder Monat, den Sie heraushandeln können, ist im Bedarfsfall bares Geld wert.

Der Zinssatz beträgt in der Regel 0,25 Prozent pro Monat bzw. 3 Prozent pro Jahr. Die Zinsberechnung beginnt je nach Anbieter zwei oder drei Monate, zum Teil aber auch erst sechs oder zwölf Monate nach dem Vertragsabschluss. Auch wenn der Zins auf den ersten Blick nicht allzu hoch wirkt: Vor allem, wenn sich Ihr Bauvorhaben etwas in die Länge zieht, können schnell Bereitstellungszinsen von mehreren Tausend Euro anfallen. Deshalb sollten Sie diese Zusatzkosten im Rahmen eines Angebotsvergleichs keinesfalls unter den Tisch fallen lassen.

Wie können Sie verschiedene Darlehensangebote vergleichen?

Bevor Sie Kontakt mit potenziellen Geldgebern aufnehmen, müssen Sie wissen, was Sie genau benötigen. Legen Sie daher Ihren konkreten Darlehensbedarf zunächst in allen wichtigen Einzelheiten fest. Das erleichtert es Ihnen später, die vorliegenden Kreditangebote zu vergleichen.

Ermittlung des Darlehensbedarfs

Berechnen Sie zuerst, welchen Geldbetrag Sie tatsächlich benötigen. Hierbei können Sie auf den auf Seite 20 bereits ermittelten Gesamtfinanzierungsbedarf zurückgreifen. Ziehen Sie davon die Beträge ab, die sich anderweitig günstiger beschaffen lassen – zum Beispiel durch öffentliche Mittel, Arbeitgeber- oder Bauspardarlehen. Bei dem verbleibenden Restbetrag handelt es sich dann um den Finanzierungsanteil, der durch ein oder mehrere Hypothekendarlehen gedeckt werden muss.

Diese Summe sollten Sie gegenüber Ihren potenziellen Finanzierern als **»effektiv benötigten Auszahlungsbetrag«** bezeichnen. Eine solche Formulierung ist notwendig, weil – wie Sie bereits gesehen haben – die nominelle Darlehenssumme nicht immer dem Betrag entspricht, der Ihnen bei der Auszahlung des Darlehens auch tatsächlich zur Verfügung steht. Ursache hierfür kann vor allem der durch ein Disagio oder eine Bearbeitungsgebühr entstehende Auszahlungsverlust sein.

Falls Sie trotz der ab Seite 51 beschriebenen Nachteile ein Disagio wünschen, sollten Sie dessen Höhe bereits vorab als **Prozentsatz des Disagios** festlegen. Möchten Sie dagegen über die volle Vertragssumme verfügen, können Sie das durch den Zusatz »Auszahlung des Darlehens zu 100 Prozent« deutlich machen.

Notwendig ist auch die Entscheidung darüber, wie lange Sie sich den aktuellen Darlehenszinssatz sichern wollen. Geben Sie den Anbietern eine **feste Zinsbindungsfrist** verbindlich vor. Nur dann lassen sich verschiedene Angebote vergleichen. Falls Sie mehrere

Benötigten Auszahlungsbetrag ermitteln

Für vergleichbare Angebote sorgen

Hypothekendarlehen mit unterschiedlichen Zinsfestschreibungen wünschen: Lassen Sie sich für die gewünschten Teilbeträge separate Angebote unterbreiten.

Tilgungsmodalitäten festlegen

Schließlich müssen Sie unter Berücksichtigung Ihrer finanziellen Möglichkeiten entscheiden, welchen anfänglichen **Tilgungssatz** Sie pro Jahr zahlen wollen bzw. können. Wie Sie bereits wissen, liegt der Standard bei 1 Prozent der Darlehenssumme. Möchten Sie die Möglichkeit haben, auch außerplanmäßig zu tilgen oder den Tilgungssatz nachträglich zu verändern, sollte auch der Wunsch nach einer Option auf **Sondertilgungen und Tilgungswechsel** den Kreditinstituten bereits bei der Angebotsanfrage mitgeteilt werden.

Halten Sie also als Merkposten fest, dass zur Vorbereitung eines aussagefähigen Preisvergleichs folgende Eckpunkte für alle infrage kommenden Anbieter verbindlich festgelegt werden müssen:
- effektiv benötigter Auszahlungsbetrag,
- Prozentsatz des Disagios bzw. Auszahlungskurs,
- Zinsbindungsfrist,
- anfänglicher Tilgungssatz,
- Sondertilgungswünsche, Möglichkeit zum Tilgungswechsel.

Zeichnet sich ab, dass der benötigte Finanzierungsbetrag die für erstrangig gesicherte Hypothekendarlehen geltende Beleihungsgrenze von meist 60 Prozent des Beleihungswerts überschreiten wird, benötigen Sie als Zusatzinformation den für den nachrangig gesicherten Darlehensteil fälligen Zinszuschlag bzw. den dann für das Gesamtdarlehen geltenden Effektivzins. Bitten Sie die Anbieter ausdrücklich um diese Angabe.

Wie wählen Sie potenzielle Kreditgeber aus?

Konditionenvergleich für Vorauswahl

Stehen die Eckpunkte Ihres Darlehensbedarfs fest, ist in einem weiteren Schritt zu klären, an welche Institute Sie sich mit Ihrem Finanzierungswunsch überhaupt wenden sollten. Eine Vorauswahl können Sie dabei zum Beispiel anhand der Konditionenübersichten für Hypothekendarlehen vornehmen, die von einigen Verbraucherzentralen (Adressen Seite 163) gegen Entgelt an-

geboten werden. Sie finden dort die laufend aktualisierten Kreditkonditionen einer Vielzahl von Banken und Sparkassen sowie
der bekanntesten Direktbanken und Discount-Vermittler. Und
zwar nicht nur die jeweiligen Zinssätze für verschiedene Zinsfestschreibungen, sondern auch eine Aufstellung der wichtigsten
Nebenkosten und -bedingungen. Anhand dieser Informationen
können Sie die Spreu vom Weizen trennen und den Kreis der
möglichen Finanzierer deutlich einschränken.

Bei einem Markt von über 2.000 Kreditinstituten in Deutschland
kann im Rahmen solcher Hypothekenzinsvergleiche natürlich nur
eine begrenzte Anzahl der regional oder lokal tätigen Anbieter
erfasst werden. Außerdem halten einige Baufinanzierer nicht allzu
viel davon, sich durch veröffentlichte Konditionen dem Wettbewerb
mit der Konkurrenz zu stellen. Sollte Ihre Hausbank nicht in den
Konditionenlisten auftauchen, ist es dennoch sinnvoll, diese – und
eventuell auch die lokale Konkurrenz – um ein Finanzierungsangebot zu bitten. Schließlich lässt sich die Trumpfkarte einer
guten Bonität da am besten ausspielen, wo Sie auch persönlich
bekannt sind.

Regelmäßige Spitzenreiter der Konditionenvergleiche sind Direktbanken und Discount-Vermittler. Deren Zinskonditionen liegen
nicht selten um 0,5 Prozentpunkte und mehr unter den Offerten der
Banken und Sparkassen. Allerdings sind sie nicht in allen Finan-
zierungssituationen der richtige Ansprechpartner. Vor allem bei
knappem Budget oder wenn die Angelegenheit etwas komplizierter
wird, weil etwa bestehende Bausparverträge in das Konzept eingebaut werden müssen, passen viele Dumping-Anbieter. Denn ihr
klassisches Geschäft ist die unkomplizierte Hypothekenfinanzie-
rung bei guter Kundenbonität und problemfreiem Finanzierungs-
objekt.

**Direktbanken nicht geeig-
net bei komplizierten
Finanzierungen**

Zudem müssen Sie als Kunde neue Wege gehen, um an Ihr Geld zu
kommen. Die Kontaktaufnahme und die weiteren Verhandlungen
laufen ausschließlich online im Internet oder per Telefon, für den
Vertragsabschluss fließt dagegen nach wie vor Tinte. Wer seinem
Berater unbedingt in die Augen schauen möchte, ist hier also

Tipp

Bei der Auswertung der
Übersichten sollten Sie
beachten, dass einige der
aufgeführten Institute – insbesondere die Volksbanken
und Sparkassen – ihre
Leistungen aufgrund des sogenannten Regionalprinzips
nur in einem bestimmten
Geschäftsgebiet anbieten.
Deshalb hat es keinen
Zweck, wenn Sie zum Bei-
spiel in Köln wohnen, ein
Angebot der Sparkasse München einzuholen, nur weil
diese in einem Konditionenvergleich gut abschneidet.

fehl am Platz. Auch das Beratungsangebot ist oft eingeschränkt. Das nötige Know-how können Sie sich allerdings auch durch eine Beratung bei einer Verbraucherzentrale (Adressen ····⋗ Seite 163) einkaufen.

Erfüllen Sie dagegen die genannten Voraussetzungen und können Sie auf den persönlichen Kontakt zum Geldinstitut gern verzichten, werden Sie kaum an den Billiganbietern vorbeikommen. Deren Kontaktadressen im Internet finden Sie in den Konditionenübersichten der Verbraucherzentralen ebenso wie die Adressen und Telefonnummern der herkömmlichen Anbieter.

Angebote mehrerer Geldinstitute einholen

Als Basis für einen aussagefähigen Vergleich sollten Sie immer von mindestens drei bis vier verschiedenen Geldinstituten Finanzierungsangebote anfordern. Zur Auswahl gehört auch Ihre Hausbank, denn hier dürften Sie grundsätzlich die beste Verhandlungsposition haben. Und wenn sie zu teuer ist, können Sie sich zumindest darüber freuen, wie viel Sie durch die Wahl eines Konkurrenzangebots gespart haben.

Ablauf der Angebotseinholung

Den ausgewählten Finanzierern sollten Sie nun entweder schriftlich oder in einem persönlichen Gespräch kurz einige Angaben zu Ihrem Bau- oder Kaufvorhaben und Ihrer finanziellen Ausgangssituation mitteilen. Zum Beispiel die geschätzte Höhe der Baukosten bzw. den Kaufpreis, Ihren Eigenkapitalanteil, sonstige Finanzierungsmöglichkeiten, Ihr Einkommen usw. Um einen Überblick über die Angaben zu bekommen, die Anbieter für ein Angebot brauchen, lohnt sich der Blick ins Internet. Die Online-Anbieter fragen diese Daten nämlich direkt am Rechner ab.

Als guter Schuldner selbstbewusst auftreten

Wenn eine Finanzierung aufgrund Ihrer guten Einkommens- und Vermögenssituation keine Probleme verursachen dürfte, sollten Sie dies auch selbstbewusst vortragen. Sie verbessern dadurch Ihre Verhandlungsposition, denn die Geldgeber investieren ihre Kredite natürlich am liebsten in risikolose Finanzierungen.

Im Anschluss an die kurze Darstellung Ihrer Ausgangssituation sollten Sie nun Ihre vorab festgelegten Wünsche in Bezug auf effektiven Auszahlungsbetrag, Disagio, Tilgungsmodalitäten und Zinsfestlegungsfrist äußern und um ein Angebot bitten. Geben Sie hierbei den Kreditinstituten exakt vor, welche konkreten Angaben das Angebot enthalten soll. Falls Sie die Angebote auf schriftlichem Weg einholen, können Sie Ihrem Anschreiben einfach eine Auflistung der gewünschten Informationen beifügen.

Um einen späteren Vergleich der verschiedenen Darlehensofferten zu ermöglichen, sollten Sie vom jeweils angesprochenen Institut präzise Angaben zu den in der Liste auf der folgenden Seite angegebenen Positionen verlangen.

Auch wenn es sich auf den ersten Blick um eine Fülle von Informationen handelt: Ein sachkundiger Berater kann diese Liste in kurzer Zeit ausfüllen. Lassen Sie sich deshalb auf keinen Fall mit irgendwelchen Entschuldigungen wie »Wir können das so nicht berechnen« oder »Unsere Konditionen können nur im Zusammenhang mit unserer Beratungsleistung bewertet werden« abspeisen. Günstige Baufinanzierer haben solche Versteckspiele nicht nötig.

Tipp

Streichen Sie Anbieter, die ihre Karten nicht auf den Tisch legen wollen, aus der Liste Ihrer potenziellen Geldgeber!

Auswertung der Angebote

Liegen Ihnen die Darlehensangebote mehrerer Finanzierer vor, stellt sich zwangsläufig die Frage, wie sich aus diesem Wust von Beträgen und Prozentsätzen nun der günstigste Finanzierungsvorschlag herausfinden lässt. Kein Grund zum Verzweifeln: Schritt für Schritt werden Sie dem Ergebnis näher kommen. Orientieren Sie sich dabei einfach an der Reihenfolge der in der »Checkliste zur Angebotsauswertung« (⤍ Seite 67) enthaltenen Punkte.

Checkliste hilft bei der Angebotsauswertung

Punkt 1 zeigt Ihnen, welchen **Darlehensbetrag** Sie beim jeweiligen Anbieter aufnehmen müssen, um Ihre gewünschte effektive Auszahlung zu erreichen. Er ist außerdem Berechnungsbasis für eventuelle Bearbeitungsgebühren und die meisten Nebenkosten.

Gemeinsam mit dem in Punkt 2 angegebenen **Sollzins** des Angebots bestimmt der Darlehensbetrag außerdem die Höhe der laufenden Zinsrate. Wie preiswert der Kredit ist, lässt sich daran allerdings nicht messen. Für einen Wirtschaftlichkeitsvergleich brauchen Sie weitere Daten.

Anhand der Punkte 3 bis 7 können Sie jetzt überprüfen, ob sich die einzelnen Anbieter auch an die von Ihnen gemachten Vorgaben gehalten haben. Auf keinen Fall dürfen Unterschiede bei der gewählten **Zinsbindungsfrist** bestehen. Abweichende Angebote können in einen Vergleich nicht einbezogen werden.

Der **effektive Auszahlungsbetrag** sollte grundsätzlich ebenso mit der von Ihnen vorgegebenen Summe übereinstimmen. Die in der Regel erfolgende Rundung der Darlehenssumme auf volle 1.000 Euro kann allerdings zu geringen Abweichungen von Ihrer Vorgabe führen. Solange die Differenz sich lediglich in einem Bereich von wenigen hundert Euro bewegt, können Sie Angebote trotzdem weiterhin berücksichtigen.

Kleine Abweichungen von Vorgaben sind akzeptabel

In Bezug auf ein eventuell gewähltes **Disagio** besteht ebenfalls die Möglichkeit, dass eine Bank oder Sparkasse nur einige bestimmte – von Ihren Vorstellungen abweichende – Varianten anbietet. Wenn der Unterschied zu Ihrem Disagiowunsch nicht zu groß ist, sollten Sie auch solche Offerten nicht von vornherein ausschließen, denn auf die Vergleichbarkeit hat diese Abweichung keinen wesentlichen Einfluss.

Darlehensbetrag darf nicht höher als Beleihungsgrenze sein

Die unter Punkt 6 angegebene **Beleihungsgrenze** darf nicht vom benötigten Darlehensbetrag überschritten werden, da bei den meisten Kreditinstituten dann andere Konditionen gelten und somit die vorliegenden Daten nicht zutreffend sind. Sollte dies bei einigen Angeboten der Fall sein, so müssen Sie entweder nochmals die bei einer höheren Beleihung zutreffenden Konditionen erfragen oder die Angebote vom Vergleich ausschließen.

Die Höhe des Tilgungssatzes ist vor allem im Hinblick auf die zu erwartende Tilgungsbelastung interessant. Gemeinsam mit Nominaldarlehen und Sollzins bestimmt er die Ratenhöhe.

Aus den Angaben zu Punkt 8, **Ratenhöhe und Termine der Fälligkeit,** können Sie entnehmen, welche Ratenbeträge Sie zu welchen Zeitpunkten (monatlich, vierteljährlich oder halbjährlich, zum 1. oder 15. des Monats) zu zahlen haben. Bestehen bestimmte Wünsche in Bezug auf die Ratenzahlung, sollten diese den Insti-

Checkliste zur Angebotsauswertung

		Angebot 1	Angebot 2
1.	Nominalbetrag des Darlehens	_____	_____
2.	Sollzinssatz	_____	_____
3.	Disagio bzw. Auszahlungskurs der Darlehenssumme	_____	_____
4.	effektiver Auszahlungsbetrag nach Abzug der gemäß Preisangabenverordnung zu erfassenden Kosten	_____	_____
5.	Zinsbindungsfrist	_____	_____
6.	Beleihungsgrenze in Euro, bis zu der die angegebenen Konditionen gelten	_____	_____
7.	Tilgungssatz	_____	_____
8.	Ratenhöhe und Termine der Ratenfälligkeit	_____	_____
9.	Zeitpunkt der Verrechnung von Zins- und Tilgungsleistungen	_____	_____
10.	anfänglicher effektiver Jahreszinssatz gemäß Preisangabenverordnung	_____	_____
11.	Darlehensrestschuld nach Ablauf der Zinsbindungsfrist	_____	_____

Nebenkosten

		Angebot 1	Angebot 2
12.	Bereitstellungszins und Monat, ab dem Berechnung erfolgt	_____	_____
13.	Kosten für eventuell abzuschließende Versicherungen	_____	_____
14.	sonstige anfallende Nebenkosten	_____	_____

tuten bereits bei der Anfrage mitgeteilt werden. Betrag und Zahlungszeitpunkt der Darlehensraten sind vor allem im Rahmen eines Restschuldvergleichs zu beachten.

Wann die **Zins- und Tilgungsverrechnung** auf Ihrem Darlehenskonto erfolgt, ist eine Zusatzinformation, damit Sie wissen, wie der Anbieter abrechnet. Beim Preisvergleich müssen Sie nicht darauf achten, da der Effektivzins die Abrechnungsweise erfasst.

In den Positionen 10 und 11 finden Sie nun die Maßstäbe, an denen Sie die Preiswürdigkeit der einzelnen Angebote messen können – zunächst allerdings ohne dass die entstehenden Nebenkosten berücksichtigt sind:

⸻⸱→ Ein **Vergleich anhand des anfänglichen effektiven Jahreszinssatzes** setzt unbedingt voraus, dass die Zinsbindungsfristen aller zur Auswahl stehenden Darlehensofferten übereinstimmen und die effektiven Auszahlungsbeträge allenfalls geringfügig voneinander abweichen. Außerdem dürfen keine zusätzlichen Aufschläge mehr für eine Überschreitung von Beleihungsgrenzen hinzukommen. Sind diese Voraussetzungen gegeben, steht der niedrigste anfängliche effektive Jahreszinssatz für das günstigste Hypothekendarlehen.

Vorsicht beim Restschuldvergleich

⸻⸱→ Schwieriger gestaltet sich die Ermittlung des preiswertesten Angebots durch einen **Vergleich der Darlehensrestschulden,** die nach Ablauf der vereinbarten Zinsfestschreibung noch zu zahlen sind. Neben Zinsbindungsfristen und Beleihungsgrenzen müssen hierbei auch die effektiven Auszahlungsbeträge, die Tilgungssätze sowie Ratenhöhe und Zahlungstermine übereinstimmen. Nur dann gibt die niedrigste Restschuld zuverlässig an, bei welchem Kreditinstitut Sie das billigste Darlehen bekommen. Bei der unterschiedlichen Ausgestaltung von Darlehensangeboten dürfte eine Übereinstimmung in sämtlichen Punkten allerdings nur schwer zu erreichen sein. Deshalb ist der Preisvergleich anhand des effektiven Jahreszinssatzes letztlich die einfachere und am ehesten durchzuführende Vergleichsmethode.

Nebenkosten in Prozent des Darlehens	Effektivzinserhöhung in Prozentpunkten bei einer Zinsbindung von …		
	5 Jahren	10 Jahren	15 Jahren
0,25	0,06	0,04	0,03
0,50	0,13	0,07	0,06
0,75	0,19	0,11	0,09
1,00	0,25	0,15	0,12
1,25	0,31	0,19	0,15
1,50	0,38	0,23	0,18
1,75	0,44	0,26	0,21
2,00	0,51	0,30	0,24

Quelle: »Finanztest Spezial: Bauen und Kaufen«

Die weiteren möglichen **Neben-kosten in Form der Bereitstel-lungszinsen** sind bisher noch nicht berücksichtigt. Das soll nun in einem weiteren Schritt geschehen. Da der effektive Jahreszinssatz als Maßstab dienen soll, sind die Auswirkungen der Nebenkosten auf den Effektivzins zu berücksichtigen. Eine exakte Berechnung der durch die Nebenkosten bedingten Erhöhung des Effektivzinses ist nur mit einem entsprechenden PC-Programm möglich. Näherungsweise lassen sich die Werte für die am häufigsten angebotenen Zinsbindungsfristen von 5, 10 und 15 Jahren aber auch anhand der Tabelle oben ermitteln. Die aufgeführten Tabellenwerte zeigen Ihnen, wie stark der Effektivzinssatz durch Nebenkosten in Höhe ei nes bestimmten Prozentsatzes vom Darlehensbetrag bei einer bestimmten Zinsbindungsfrist erhöht wird. Wie Sie die durch die Nebenkosten bedingte Erhöhung des Effektivzinssatzes anhand der Tabelle ermitteln können, zeigen Ihnen die Beispiele auf dieser Seite.

Beispiele

Angenommen, Sie benötigen ein Darlehen von 100.000 Euro mit einer Zinsbindung von 10 Jahren, bei dem neben den im Effektivzins erfassten Kostenfaktoren außerdem Nebenkosten in Höhe von 500 Euro anfallen. Das sind 0,5 Prozent des Darlehens. Auf der Basis der Eckpunkte »0,5 Prozent Nebenkosten« und »10 Jahre Zinsbindung« lässt sich aus der Tabelle auf Seite 68 der Wert »0,07« entnehmen. Das heißt, die Nebenkosten erhöhen den von der Bank angegebenen Effektivzins um ca. 0,07 Prozentpunkte.

Fallen Nebenkosten in gleicher Höhe bei einem Darlehen mit 5-jähriger Zinsbindung, an, erhöht sich der Effektivzins des Darlehens dadurch um ca. 0,13 Prozentpunkte.

Beispiel

Angenommen, Sie schaffen es, Ihre Hausbank durch Verhandeln dazu zu bewegen, den Sollzins eines 100.000-Euro-Kredits von 6 Prozent p.a. auf 5,8 Prozent zu senken. Dann ergeben sich für die beiden Darlehensvarianten im Vergleich folgende Daten.

	erstes Angebot	verbessertes Angebot
Darlehensbetrag	100.000 €	100.000 €
Sollzins p.a.	6,0 Prozent	5,8 Prozent
Rate pro Monat	583,33 €	583,33 €
Restschuld nach 10 Jahren	86.343 €	83.788 €
Gesamtlaufzeit bei konstantem Zinssatz	32 Jahre 7 Monate	30 Jahre 6 Monate
Gesamtzinskosten	127.590 €	113.361 €

Bei gleicher Ratenzahlung fällt die Restschuld des verbesserten Angebots schon nach zehn Jahren um 2.555 Euro geringer aus. Blieben die Konditionen sogar über die Gesamtlaufzeit konstant, wäre der günstigere Kredit zwei Jahre und einen Monat früher getilgt. Die Zinsersparnis: 14.229 Euro!

Haben Sie für die in die engere Wahl gelangten Hypotheken-angebote die »wahren« Effektivzinssätze inklusive Nebenkosten ermittelt, können Sie diese Ergebnisse anschließend zur Auswahl der günstigsten Offerte gegenüberstellen.

Es lohnt sich letztendlich, Darlehensangebote bis in die Einzel-heiten zu vergleichen. Sie sollten dabei allerdings nicht vergessen, die Geldgeber von vornherein durch zähes Verhandeln zu einem Verzicht auf solche Zusatzeinnahmen oder zumindest zu einer günstigeren Regelung zu bewegen. Was dabei auch nur kleine Zinszugeständnisse bringen, zeigt das Beispiel auf Seite 69.

Beachten Sie: Vollständig realisieren lassen sich Einsparungen durch Verhandlungserfolge vor allem dann, wenn Sie die ausgehandelte Zinssenkung nicht dazu verwenden, Ihre Belastung zu drücken. Behalten Sie lieber die ursprünglich Rate bei und stocken Sie Ihre Anfangstilgung um die ersparten Prozentpunkte auf!

Die Bausparfinanzierung

Der Abschluss eines Bausparvertrags ist wohl die traditionellste Form, um die finanzielle Grundlage für den Bau oder Kauf eines Eigenheims zu schaffen. Für Generationen von Bauherren war es fast unvorstellbar, ohne Bausparvertrag in die eigenen vier Wände kommen zu können. Dazu hat nicht zuletzt auch Vater Staat kräftig beigetragen. Denn seit es die staatliche Förderung der privaten Vermögensbildung gibt, gehört Bausparen zu den begünstigten Sparformen.

Doch die Zeiten ändern sich. Oft vor mehr als hundert Jahren als reine Selbsthilfeorganisationen gegründet, haben sich die Bausparkassen mittlerweile zu gut verdienenden Großunternehmen entwickelt, die entweder als Tochtergesellschaft von Finanzkonzernen agieren oder selbst Bank- und Versicherungstöchter gegründet haben. Zentrale Aufgabe der am Markt agierenden privaten Bausparkassen sowie der zum Sparkassenverbund gehörenden Landesbausparkassen ist es daher schon lange nicht mehr, ihre Kunden möglichst kostengünstig ins eigene Heim zu bekommen; es geht vielmehr ums eigene Geldverdienen. Was nicht ausschließt, dass der Abschluss eines Bausparvertrags nach wie vor eine sinnvolle Art der Immobilienfinanzierung sein kann.

Von Selbsthilfeeinrichtungen zu Finanzkonzernen

Um die Vorteile des Bausparmodells zu nutzen, müssen Sie sich allerdings mit dessen Besonderheiten und Nachteilen vertraut machen. Denn anders als bei herkömmlichen Hypothekendarlehen handelt es sich bei der Finanzierung mittels Bausparvertrag um ein ausgeklügeltes System von Geben und Nehmen. An günstige Darlehensmittel kommt nämlich nur heran, wer zuvor als Sparer etwas für die Bausparergemeinschaft getan hat. Der Grundstock für die Finanzierung muss in diesem Fall in der Regel bereits Jahre vor dem ersten Spatenstich gelegt werden. Das Spektrum der möglichen Ergebnisse ist dabei groß: Während ein zur richtigen Zeit abgeschlossener und optimierter Bausparvertrag zu einer tragenden und Kosten sparenden Säule Ihrer Finanzierung werden kann, kann sich ein falsch abgeschlossener und besparter Bausparvertrag

Spare, spare, Häusle baue!

zum teuren Risikofaktor entwickeln. Schutz vor solch negativen Erfahrungen bietet nur eins: der gründliche Einstieg in das Einmaleins der Bausparfinanzierung.

Gesamtablauf der Bausparfinanzierung

Mit dem Abschluss eines Bausparvertrags steigen Sie in ein Vertragsverhältnis ein, das aus zwei Phasen besteht: der **Ansparphase** und der **Darlehensphase**. Durch die Zahlung von Sparbeiträgen während der Ansparphase sichern Sie sich den Anspruch auf ein **Bauspardarlehen,** dessen Konditionen grundsätzlich schon bei Vertragsabschluss feststehen. Damit können Sie allerdings nicht finanzieren, was Sie wollen. Die Kreditmittel dürfen nur für sogenannte wohnungswirtschaftliche Zwecke verwendet werden, etwa den Bau oder Kauf von Wohneigentum, die Finanzierung von Renovierungen und Modernisierungen oder die Ablösung von Schulden, die durch solche Vorhaben entstanden sind.

Bausparkredite sind zweck-gebunden

Während das Bausparkassengesetz solche generellen Richtlinien festlegt, finden Sie die Bestimmungen, die Ihr Vertragsverhältnis mit der Bausparkasse regeln, in den bei Vertragsabschluss geltenden Allgemeinen Bedingungen für Bausparverträge (ABB). Dabei ist zu beachten, dass für unterschiedliche Tarife – so werden die verschiedenen Vertragsvarianten bezeichnet – desselben Anbieters auch gesonderte Bausparbedingungen gelten.

Von ihrem Aufbau her sind die Bausparbedingungen bei allen Bausparkassen gleich. Was die nähere Ausgestaltung der Vertragskonditionen angeht, unterscheiden sie sich in der Regel aber beträchtlich. Damit Sie wissen, auf welche Rahmenbedingungen Sie sich mit dem Vertragsabschluss einlassen, sollten Sie sich das Kleingedruckte vorher unbedingt zu Gemüte führen – und bei Unklarheiten Ihren Bausparkassenberater um Aufklärung bitten. Ein wirtschaftlicher Vergleich verschiedener Angebote ist allein auf dieser Basis natürlich nicht möglich. Sie können aber zumindest prüfen, ob der angebotene Tarif von seiner Grundstruktur her überhaupt zu Ihren Zielvorstellungen passt.

Kleingedrucktes unbedingt lesen

Die Bausparsumme

Jeder Bausparvertrag wird über eine bestimmte Vertragssumme
– die Bausparsumme – abgeschlossen. Mit deren Wahl legen Sie
fest, welcher Betrag bei der Fälligkeit des Bausparvertrags an Sie
ausgezahlt wird. Gleichzeitig bestimmt die Bausparsumme aber
auch die Ansparleistung, die Sie erst einmal erbringen müssen, um
an das günstige Bauspardarlehen zu kommen. Denn das von den
Bausparkassen geforderte »Mindestsparguthaben« wird als Prozentsatz der vereinbarten Bausparsumme festgelegt; meist liegt
es bei 40 bis 50 Prozent. Die Vertragssumme bestimmt außerdem
die Höhe der einmaligen Abschlussgebühr – 1 oder 1,6 Prozent –
sowie der monatlichen Sparbeiträge und der späteren monatlichen
Tilgungsraten. In den Bausparbedingungen wird festgelegt, welche Rate Sie grundsätzlich ansparen bzw. in der Darlehensphase
für Zinsen und Tilgung aufbringen
müssen. Die sogenannten Standard-
tarife sehen meist Sätze von 4 Promille der Bausparsumme in der
Ansparphase und 6 Promille bei der
Darlehensrückzahlung vor.

> **Beispiel**
>
> Bei einer Bausparsumme von 50.000 Euro sind monatlich
> 200 Euro (= 4 Promille von 50.000 Euro) zu sparen und später
> 300 Euro (= 6 Promille von 50.000 Euro) zurückzuzahlen.

Bevor Sie die Bausparsumme festlegen, sollten Sie möglichst
genau kalkulieren, welcher Teilbetrag Ihres späteren Finanzierungsbedarfs durch den Bausparvertrag gedeckt werden soll. Dabei ist
zu beachten, dass die Bausparkassen Darlehen grundsätzlich nur
bis zu einer Beleihungsgrenze von 80 Prozent des Beleihungswerts vergeben. Das heißt, dass ein Bauspardarlehen zusammen
mit allen im Grundbuch eingetragenen Vorlasten, wie zum Beispiel
einem erstrangig gesicherten Bankkredit, nicht über 80 Prozent des
Beleihungswerts hinausgehen darf. Das entspricht einer Gesamtfinanzierung von etwa zwei Dritteln der tatsächlichen Bau- oder
Anschaffungskosten. Werden die Grenzen überschritten, kann die
Bausparkasse die Bereitstellung der Kreditmittel ganz oder teilweise verweigern. Und das auch, wenn Sie vorher den Vertrag treu
und brav angespart haben. Bleiben Sie im finanzierbaren Rahmen,
kann das Bauspardarlehen einen Vorteil gegenüber vielen Bank-
finanzierungen ausspielen: Auch nachrangig gesicherte Darlehen
werden ohne Zinsaufschlag vergeben.

**Bausparsumme ist abhängig
vom späteren Finanzierungsbedarf**

Ein zum Standardtarif abgeschlossener Bausparvertrag über 50.000 Euro wird bei Zahlung der Regelsparbeiträge normalerweise erst nach ca. sieben bis acht Jahren ausgezahlt. Einen Vertrag über lediglich 25.000 Euro können Sie dagegen mit den gleichen Einzahlungen in der halben Zeit ansparen; somit verfügen Sie bedeutend schneller über die Bausparsumme.

Was die Wahl der Bausparsumme angeht, sollten Sie ohnehin beim Vertragseinstieg kleine Brötchen backen. Vor allem, wenn die weitere zeitliche und finanzielle Planung noch vage ist, empfiehlt sich zunächst der Abschluss eines kleineren Vertrags. Denn damit eröffnen Sie sich die Möglichkeit, den weiteren Vertragsverlauf mit relativ geringem finanziellen Aufwand nach Bedarf steuern zu können.

Zeigt sich später, dass es mit dem Eigenheim noch etwas länger dauern wird, oder steigt der abzusehende Finanzierungsbedarf, können Sie die Vertragssumme einfach aufstocken und auf diese Weise mit weiteren Einzahlungen auch den Darlehensanspruch erhöhen. Zu beachten ist dabei allerdings, dass bei einer Vertragserhöhung die nächste Zuteilungschance häufig erst nach einer Sperrfrist besteht, die bis zu zwölf Monate dauern kann. Im Normalfall wird das jedoch kein Problem sein, da sich die Vertragsfälligkeit ohnehin nach hinten verschiebt. Denn mit der Erhöhung der Bausparsumme steigt auch der Mindestansparbetrag und die für die Zuteilung maßgebliche sogenannte Bewertungszahl sinkt.

Bei Vertragserhöhungen häufig Sperrfristen für Zuteilung

Lassen Sie sich bei der Wahl einer kleineren Vertragssumme auch nicht von redegewandten Bausparkassenvertretern oder Bankmitarbeitern umstimmen. Deren Verkaufsprovisionen werden häufig auf der Basis der Vertragssumme festgelegt. Sitzen Sie später auf einem zu hohen Vertrag, der noch nicht auszahlungsreif ist, muss unter Umständen teuer zwischenfinanziert werden. Selbst bei Verträgen, die zum Abruf bereit stehen, kann Ihnen eine zu hohe Summe Probleme bereiten. Denn Bauspardarlehen müssen deutlich schneller als Bankkredite getilgt werden, mit entsprechend hohen Monatsraten. Übersteigen diese Ihre finanziellen Möglichkeiten, müssen Sie unter Umständen ganz oder teilweise auf das zinsgünstige Bauspardarlehen verzichten und ein normales Hypothekendarlehen aufnehmen, obwohl Sie sich den Darlehensanspruch über Jahre sauer erspart haben.

Tipp

Sie sollten schon beim Vertragsabschluss die spätere Finanzierungsbelastung im Hinterkopf haben, auch wenn es bis dahin noch weit ist.

Die Ansparphase

Die Ansparphase des Bausparvertrags ist das notwendige Übel, das Sie hinter sich bringen müssen, um an das Bauspardarlehen heranzukommen. Und zwar nicht nur, weil Sie fleißig Geld auf das Bausparkonto einzahlen müssen. Ihre Vorleistung besteht vor allem darin, dass Sie Ihre Ersparnisse dem Bausparkollektiv für einen mageren Anlagezinssatz zur Verfügung stellen. So liegt die jährliche Guthabenverzinsung derzeit bei den meisten Verträgen auf Sparbuchniveau. Mit normalen Banksparverträgen und vergleichbaren Anlageformen lassen sich vor allem in Hochzinsphasen deutlich bessere Anlagerenditen erzielen.

Nur mit dem Dumpingzins in der Anlagephase funktioniert aber die Bereitstellung der günstigen Bausparkredite. Denn wenn die Kassen einen höheren Anlagezins zahlen, wird auch die Finanzierungsseite teurer. Das zeigen zum Beispiel die von manchen Instituten angebotenen Renditetarife für Nur-Sparer. Hier gibt es auf der Anlageseite deutlich höhere Zinsen. Allerdings nur, wenn ein deutlich höherer Kreditzins gezahlt oder auf den Darlehensanspruch sogar völlig verzichtet wird. Als Faustregel gilt: Die Spanne zwischen Anlagezins und Sollzins des Darlehens liegt meist bei 2,25 bis 2,75 Prozent.

Wie Sie den Vertrag besparen müssen, regeln im Einzelnen die Vertragsbedingungen. Meist verpflichten Sie sich zur Zahlung eines **Regelsparbeitrags.** Je nach Tarif liegt der üblicherweise zwischen 3 und 5 Promille der Bausparsumme. Allerdings sehen die Bausparkassen die Sache nicht so eng. Wenn Sie weniger zahlen, wird Sie im Normalfall niemand anmahnen. In Ihrem eigenen Interesse sollten Sie aber zumindest den Regelsparbeitrag einzahlen. Schließlich liegt das Ziel des Bausparens sinnvollerweise darin, das Darlehen möglichst schnell zu erhalten. Finanziererverträge, die über Jahre ohne gezielte Besparung »dahindümpeln«, sind ein Minusgeschäft. Neben den Regelsparbeiträgen sind auch zusätzliche **Sonderzahlungen** möglich. Hiermit können Sie die Vertragszuteilung deutlich beschleunigen.

Magere Zinsen fürs Ersparte sind Voraussetzung für günstige Kredite

Wenigstens Regelsparbeitrag überweisen

Die Zuteilung

Am Ende der »Durststrecke« Ansparphase steht das Ziel, auf das jeder Bausparer konkret hinarbeiten sollte: die Zuteilung. Ab dem Zeitpunkt, zu dem sie erreicht ist, hält die Bausparkasse die Bausparsumme zur Auszahlung bereit. Die setzt sich dann aus Ihrem Guthaben und dem Bauspardarlehen zusammen.

Zuteilung erst nach Mindestsparzeit und bei Mindestguthaben

Um eine Chance auf die Zuteilung zu haben, müssen einige Voraussetzungen erfüllt sein, die jeweils in den Bausparbedingungen festgeschrieben sind. Häufig fordern die Bausparkassen, dass Ihr Bausparvertrag eine bestimmte Mindestsparzeit und ein Mindestspargutguthaben erreicht hat:

····⇢ Die **Mindestsparzeit** beträgt bei vielen Standard- und Kurzzeittarifen 18 oder 24 Monate. Bei den sogenannten Langzeittarifen oder reinen Renditeverträgen kann sie aber auch bis zu 84 Monate betragen. Vor allem bei neuen flexiblen Tarifen verzichten viele Bausparkassen jedoch darauf, eine Mindestspardauer festzulegen. Das Zuteilungssystem ist dann allerdings so aufgebaut, dass Sie in der Praxis ohne die Erfüllung einer bestimmten Anspardauer keine Möglichkeit haben, Ihren Vertrag in die Zuteilung zu bekommen.

····⇢ Bei fast allen Bausparverträgen müssen Sie dagegen als Zuteilungsvoraussetzung ein bestimmtes **Mindestsparguthaben** ansparen. Nur bei einigen Finanzierertarifen reicht ein Ansparen von 40 Prozent der Vertragssumme noch aus. Standard ist mittlerweile aber, dass mindestens die Hälfte der Bausparsumme auf dem Ansparkonto stehen muss, um die Zuteilung zu erreichen. Ein Nachteil, der nicht zu unterschätzen ist. Denn während Sie bei einem 40-Prozent-Tarif für 1 Euro Ansparleistung 1,50 Euro Darlehen bekommen, beträgt das Verhältnis bei 50-prozentiger Mindestansparung lediglich 1:1. Wenn Ihr klares längerfristiges Ziel der Immobilienerwerb ist, sollten Sie grundsätzlich einen Vertrag mit 40 Prozent Mindestansparung wählen. Danach müssen Sie bei den Bausparkassen oft gezielt fragen. Aktiv werden diese Tarife nämlich eher selten verkauft. Ganz anders, wenn es um Vergleichstests zum Beispiel der Stiftung Warentest geht. Dann schicken die Kassen gern ihre Klassiker ins Rennen. Viele neu entwickelte, flexible Tarife sehen keine feste Mindestansparung mehr vor. Allerdings gelten auch

hier die Bauspar-Grundregeln: Hohe Bausparkredite gibt es
nur, wenn vorher auch entsprechend viel gespart wurde. Und
wer früher an sein Geld will, zahlt höhere Darlehenszinsen und
muss schneller tilgen.

Erfüllt Ihr Bausparvertrag irgendwann die Mindestzuteilungs-
voraussetzungen, so heißt das noch lange nicht, dass die Vertragssumme unverzüglich ausgezahlt wird. Vielmehr landen Sie
erst einmal nur auf der langen Liste der Verträge, die für eine
Zuteilung grundsätzlich infrage kommen. Wie viele dann tatsächlich zugeteilt werden, hängt davon ab, wie viel Geld sich im Zuteilungstopf befindet. Fließen die Mittel aus den Ansparraten neue-
rer Verträge und den Tilgungsraten ausgezahlter Darlehen üppig in
die Zuteilungsmasse, erhalten auch entsprechend viele Bausparer
die Zuteilung der Vertragssumme. Ist der Topf dagegen nur spär-
lich gefüllt, kann es auch nach dem Erreichen der Mindestvoraussetzungen noch einige Zeit dauern, bis die Zuteilungsmitteilung
kommt. Wer dabei zu den Glücklichen gehört, wird jedoch nicht
per Los entschieden. Die Bausparkassen haben vielmehr komplizierte Systeme entwickelt, um eine gerechte Verteilung des Zutei-
lungsvolumens zu gewährleisten.

Zuteilungszeitpunkt abhängig von Neugeschäft und
Kredittilgung

Zwar unterscheiden sich die Zuteilungssysteme von Institut zu
Institut, sie beruhen aber alle auf demselben Grundprinzip. Im Mittelpunkt steht dabei die **Bewertungszahl**. Diese Kennziffer wird bei
allen Bausparkassen zu bestimmten Bewertungsstichtagen – halbjährlich, vierteljährlich oder monatlich – für sämtliche noch nicht
zugeteilten Bausparverträge berechnet. Die jeweils aktuelle Bewertungszahl finden Sie auf Ihren Bausparkontoauszügen. Sie ist eine
Art Zensur, mit der Ihre bisherige Ansparleistung bewertet wird.

Die Formel, nach der die Berechnung erfolgt, können Sie den
Bausparbedingungen entnehmen. Damit alles mit rechten Dingen
zugeht, muss sogar die Bundesanstalt für Finanzdienstleistungs-
aufsicht (BaFin) als Aufsichtsbehörde ihren Segen dazu geben.
Aber wie die Formel letztlich auch gestrickt wird, die Grundregel
ist immer gleich: Es gilt das sogenannte Zeit-mal-Geld-Prinzip. Das
heißt, die Höhe der Bewertungszahl ist vor allem von der Anspardauer sowie von der im Verhältnis zur Bausparsumme erbrachten

Kennzahl mit behörd-
lichem Segen

Sparleistung abhängig. Dieser Zusammenhang lässt sich am einfachsten an einem konkreten Beispiel verdeutlichen.

Beispiel

Eine Landesbausparkasse berechnet in ihrem Standardtarif die Bewertungszahl, indem sie zunächst die Summe aus dem zum Bewertungsstichtag bestehenden Sparguthaben und dem zehnfachen Betrag der bisher insgesamt entstandenen Guthabenzinsen bildet. Diese Summe wird dann durch den auf der Basis der Bausparsumme ermittelten Regelsparbeitrag geteilt. Dieser beträgt im Standardtarif 4 Promille der Bausparsumme. Die Bewertungsformel sieht dann folgendermaßen aus:

$$\text{Bewertungszahl} = \frac{\text{Sparguthaben zum Bewertungsstichtag} + \text{10-Faches der Guthabenzinsen}}{\text{Regelsparbeitrag}}$$

Guthaben und Sparzinsen beeinflussen Bewertungszahl

Wie hoch die Bewertungszahl ausfällt, hängt maßgeblich von der Höhe des Sparguthabens sowie den gutgeschriebenen Sparzinsen ab. Hohe Bewertungszahlen lassen sich zum Beispiel auch bei relativ kurzer Anspardauer durch hohe Sparleistungen erreichen, denn diese erhöhen sowohl das Guthaben als auch die Zinsen. Der gleiche Effekt lässt sich erzielen, wenn ohne Sonderzahlungen über einen langen Zeitraum angespart wird. Dann sammeln sich neben dem Guthaben hohe Zinsen an, was wiederum die Bewertungszahl hebt.

Ein stärkerer Anstieg der Bewertungszahl lässt sich bei gleichen Einzahlungen außerdem durch eine kleinere Bausparsumme erreichen. Der in der Formel zu berücksichtigende Regelsparbeitrag verringert sich und die Bewertungsziffer steigt. Allerdings muss dann die gegenüber der höheren Vertragssumme entstehende Finanzierungslücke anderweitig geschlossen werden

Auch wenn die Berechnungsmethoden mancher Bausparkassen anders aussehen und neue Tarife wesentlich mehr Wahlmöglichkeiten versprechen: An der beschriebenen Bauspararithmetik kommt keine Kasse vorbei.

Weitere Hürde: Zielbewertungszahl

Vervollständigt wird das Zuteilungssystem durch eine **Zielbewertungszahl**. Diese wird von der Bausparkasse für jeden Bewertungsstichtag berechnet, und zwar so, dass die für die Zuteilung verfüg-

baren Mittel durch die in die Zuteilung fallenden Verträge komplett
abgerufen werden. Um in die Zuteilung zu kommen, muss Ihr Vertrag – neben Mindestansparguthaben und -laufzeit – mindestens
die Zielbewertungszahl erreichen.

Hat Ihr Bausparvertrag auch diese Hürde genommen, so ist das
Ziel erreicht: Die Bausparsumme steht zum Abruf bereit. Die Bausparkasse informiert Sie darüber und sendet Ihnen einen Antrag
auf Zuteilung. Allerdings erfolgt die Auszahlung nicht unbedingt
direkt nach der Antragstellung, sondern in der dem Bewertungsstichtag zugeordneten Zuteilungsperiode. Die beginnt in der Regel
erst einen oder drei Monate nach dem Stichtag und dauert drei
bis sechs Monate. Innerhalb dieses Zeitraums werden dann die
Vertragssummen ausgezahlt, wobei die Verträge mit den höchsten
Bewertungsziffern zuerst an der Reihe sind. Rutschen Sie also nur
knapp in die Zuteilung, kann zwischen Stichtag und Auszahlung
noch bis zu einem halben Jahr liegen. Das muss natürlich bei der
Finanzierung eingeplant werden, um Engpässe zu vermeiden. Die
Bausparkasse sollten Ihnen hier konkrete Daten liefern.

Die Darlehensphase

Blind zahlen die Bausparkassen ihre Kreditmittel natürlich nicht
aus. Wie jeder andere Finanzierer prüfen die Institute vor der
Kreditbewilligung, ob ausreichende Sicherheiten vorhanden
und Sie in der Lage sind, die Finanzierungsbelastung zu tragen.
Außerdem müssen Sie nachweisen, dass die Darlehensmittel tatsächlich für wohnwirtschaftliche Maßnahmen verwendet werden.
Fällt das Prüfergebnis negativ aus, muss die Bausparkasse Ihnen
den Kredit nicht gewähren – trotz
der erbrachten Sparleistungen. Sie
erhalten lediglich das angesparte
Guthaben ausgezahlt. Geht die
Bonitätsprüfung problemlos über
die Bühne, steht der Auszahlung der
lang ersehnten Finanzierungsgelder
dagegen nichts mehr im Weg.

**Ohne Bonitätsprüfung keine
Zahlung**

> **Beispiel**
>
> Haben Sie im Rahmen eines zum Standardtarif abge-
> schlossenen Bausparvertrags über 50.000 Euro exakt die
> Mindestansparung von 40 Prozent erbracht, so beträgt Ihr
> Darlehensanspruch 60 Prozent, also 30.000 Euro.
>
> Bei einem Guthaben von 45 Prozent würde sich das Darlehen
> entsprechend auf 55 Prozent oder 27.500 Euro verringern.

Auszahlung

Der Zuteilungsbetrag setzt sich aus dem angesammelten Bausparguthaben und dem Bauspardarlehen zusammen. Wie hoch das Darlehen ausfällt, hängt von der vereinbarten Bausparsumme sowie vom angesparten Kapital ab.

Wer in einen Bausparvertrag mehr als notwendig einzahlt, schneidet sich also ins eigene Fleisch. Nicht nur, dass mehr Vorleistungen als nötig erbracht werden. Die Überzahlung reduziert auch noch den Anspruch auf das billige Baugeld. Allerdings existieren auch einige Tarife, die Ihnen unabhängig von der Sparleistung immer ein Darlehen in Höhe eines festen Prozentsatzes der Bausparsumme garantieren. Eine Übersparung sollten Sie aber auch bei diesen Verträgen möglichst vermeiden, da sie meist wirtschaftliche Nachteile bringt.

Tilgung

Nach der Vollauszahlung des Darlehens beginnt die Zeit der Tilgung. Sie müssen nun monatlich die in den Bausparbedingungen festgelegte Zins- und Tilgungsrate leisten. Anders als bei den Ansparraten gibt es hier keine Flexibilität. Zumindest nicht, was die regelmäßigen Zahlungen angeht. Wer Geld übrig hat, kann dagegen jederzeit Sondertilgungen leisten: ein Vorteil gegenüber normalen Hypothekendarlehen.

Sondertilgungen jederzeit möglich

Allerdings sollte kritisch geprüft werden, ob man mit der schnelleren Rückzahlung ein Eigentor schießt. Denn schließlich erbringen Bausparer jahrelang Vorleistungen, um an das zinsgünstige Darlehen heranzukommen. Sinnvoller ist es daher, zunächst teurere Darlehen zu tilgen oder, wenn ein höherer Zins nach Steuer zu erzielen ist, den Sondertilgungsbetrag vielleicht sogar auf die hohe Kante zu legen.

Verläuft die Rückzahlung planmäßig, lässt sich bereits bei der Kreditauszahlung die Gesamtlaufzeit der Finanzierung exakt berechnen. Denn der Zinssatz und die sonstigen Konditionen stehen von Beginn an fest. Bei einem Standardtarif mit 40-prozentiger Ansparung, einem nominellen Kreditzins von 4 Prozent jährlich und einer Tilgungsrate von 6 Promille der Bausparsumme ist so der letzte Euro nach rund zehn Jahren und zwei Monaten getilgt. Etwas länger dauert es, wenn auf den Kredit noch eine Darlehensgebühr von 1 oder 2 Prozent der Kreditsumme aufgeschlagen wird. Die meisten Bausparkassen haben sich von dieser Praxis mittlerweile aber verabschiedet. Dafür ist dann die Spanne zwischen Anlage- und Kreditzins etwas größer geworden.

Bauspardarlehen haben bedeutend kürzere Laufzeiten als vergleichbare Hypothekendarlehen der Banken oder Sparkassen. Dies liegt daran, dass die Bausparkassen von Ihnen deutlich höhere Tilgungsleistungen verlangen als andere Anbieter von Baufinanzierungen (⸱⸱⸱► Beispiel rechts).

Auch wenn es grundsätzlich sinnvoll ist, die Schulden schnell abzubauen: Eine Vollfinanzierung mit Bausparverträgen können sich wohl nur die allerwenigsten Bauherren leisten. Deshalb sollten Sie die Finanzierung per Bausparvertrag immer nur für einen gewissen Teil des benötigten Fremdgeldes einplanen. Die hohe Rückzahlungsbelastung sagt aber nicht aus, dass eine Bausparfinanzierung auch teurer als ein Bankdarlehen ist. Im Rahmen einer solchen Gegenüberstellung müssen andere Beurteilungskriterien herangezogen werden – doch dazu später mehr (⸱⸱⸱► Seite 101).

Beispiel

Bei einer Bausparsumme von 50.000 Euro zahlen Sie pro Jahr eine Annuität von 12 × 300 Euro, also insgesamt 3.600 Euro. Bezogen auf den Darlehensbetrag von 30.000 Euro sind das immerhin 12 Prozent. Bei einem Darlehenszinssatz von 4 Prozent werden somit im ersten Jahr bereits 8 Prozent der Darlehensschuld getilgt.

Demgegenüber tilgen Sie bei einer normalen ersten Hypothek im gleichen Zeitraum lediglich 1 oder 2 Prozent der Darlehensschuld. Entsprechend niedriger fällt auch die jährliche Belastung aus. Selbst bei einem hohen Sollzinssatz von 8,5 Prozent und einer einprozentigen Anfangstilgung hätten Sie für ein vergleichbares Hypothekendarlehen von 30.000 Euro nur 2.850 Euro pro Jahr aufzubringen, also 750 Euro weniger als für das Bauspardarlehen.

Sieht der Vertrag ein Darlehen von maximal nur 50 Prozent der Bausparsumme – also 25.000 Euro – vor, erhöht sich der anfängliche Tilgungssatz bei 300 Euro Monatsrate sogar auf 10,4 Prozent. Die Mehrbelastung gegenüber dem Vergleichskredit beträgt 1.225 Euro.

Die Rückzahlungsweise von Bauspardarlehen unterscheidet sich dagegen nicht vom Ablauf normaler Annuitätendarlehen. Eine Besonderheit besteht lediglich darin, dass bei Bauspardarlehen fast immer von Beginn an der Tilgungsanteil deutlich über dem Zinsanteil liegt. Dies ist bei normalen Hypothekendarlehen der Banken und Sparkassen nicht der Fall.

Tilgungsanteil höher als Zinsanteil

Das Wartezeitproblem

Schlechte Geschäfte bremsen die Zuteilung

Wie bereits erwähnt, hängt der Zeitpunkt der Zuteilung nicht nur von Ihren Ansparleistungen ab, sondern auch davon, wie gut der Zuteilungstopf gefüllt ist. In mageren Zeiten kann es sein, dass Ihr Vertrag zwar die Mindestvoraussetzungen erfüllt, Sie aber dennoch Jahre warten müssen, bis die Vertragssumme ausgezahlt wird. Eine unliebsame Erfahrung, die enttäuschte Bausparer vor allem in den 1980er- und 1990er-Jahren machen mussten. Nicht selten dauerte es mehr als zehn Jahre, bis endlich das Baugeld bereitgestellt wurde.

Genaue Zeitplanung nicht möglich

Hier zeigt sich eine systembedingte Schwäche der Bausparfinanzierung: Sie wissen im Voraus nie genau, wann die Mittel bereitgestellt werden. Je länger es dauert, desto teurer wird in der Regel die Finanzierung, da Sie als Bausparer im Normalfall in der Ansparphase geringere Zinserträge erzielen als bei anderen Anlageformen. Und die so eintretenden Zinseinbußen müssen Sie zu den Kosten des Bausparvertrags rechnen. Brauchen Sie das Baugeld früher, muss der Vertrag zwischenfinanziert werden, was die Kosten weiter in die Höhe treibt.

Nicht zuletzt deshalb ist die Dauer der Wartezeit bis zur Zuteilung ein wichtiges Leistungskriterium, das bei den Bausparkassen die Spreu vom Weizen trennt. Das Problem: Keine Kasse kann und darf Ihnen bei Vertragsabschluss eine verlässliche Aussage zum Zuteilungszeitpunkt machen. Denn der Gesetzgeber trägt dem Unsicherheitsfaktor dadurch Rechnung, dass er den Instituten eine

Verbindliche Aussage zum Zuteilungspunkt bei Vertragsabschluss nicht möglich

verbindliche Zusage zum Vertragsbeginn sogar verbietet. Hintergrund für diese Regelung war, dass in der Vergangenheit einige Bausparkassen und auch zweifelhafte Vertragsvermittler Kunden mit entsprechenden Zusagen geködert haben, ohne ihre Versprechungen später einlösen zu können. Unverbindliche Aussagen sind dagegen zulässig. Und so werden Sie in allen Finanzierungsangeboten von Bausparkassen auch einen Termin finden, zu dem der Kredit fließen soll. Allerdings immer mit dem Zusatz »voraussichtlich« oder »nach heutigem Stand der Geschäftsentwicklung«.

Bei neueren Bauspartarifen scheint das Wartezeitproblem komplett ausgeschaltet zu sein. Sie sehen eine **Wahlzuteilung** vor. Das heißt, nach Erfüllen bestimmter Mindestvoraussetzungen, wie etwa einer zwölfmonatigen Mindestlaufzeit, können Sie jederzeit die Zuteilung beantragen. Allerdings hat die Flexibilität auch ihren Preis. Wenn Sie früher an das Geld wollen, müssen Sie den Kredit in der Regel deutlich schneller zurückzahlen, mit entsprechend hoher Tilgungsbelastung – oder der Schuldzins steigt. Außerdem können sich die Kassen auch bei diesen Verträgen nicht von der Geschäftsentwicklung abkoppeln. Läuft das Geschäft schlecht, können die Bedingungen, zu denen die Wahlzuteilung erfolgt, geändert werden.

Wahlzuteilung nicht
zum Nulltarif

In den letzten Jahren hatten Bausparer kaum Probleme, schnell an ihr Geld zu kommen, wenn die Mindestvoraussetzungen für die Zuteilung erfüllt waren. Denn viele Bausparkassen verfügten sogar über mehr flüssige Mittel, als ihnen lieb war. Das lag vor allem an zwei Faktoren: Im Zinstal wurden Bausparverträge selbst ohne staatliche Förderung mit hohen Ansparzinsen zur attraktiven Anlagemöglichkeit auch für Nicht-Finanzierer. Gleichzeitig verzichteten viele enttäuschte Bausparer bei zuteilungsreifen Verträgen auf das Bauspardarlehen, da es Baugeld bei Banken und Sparkassen noch günstiger gab. Diese Situation bereitete einigen Kassen ernsthafte Probleme, weil das Bausparsystem aus dem Gleichgewicht zu geraten drohte. Denn hohe Anlagezinsen können auf Dauer nur dann gezahlt werden, wenn die Anlagegelder zu einem höheren Kreditzins ausgeliehen werden. Die Reaktion der Bausparkassen: die Einführung neuer Tarife mit geringerem Ansparzins und niedrigerem Zins für das Bauspardarlehen.

Trotz der neuen Vertragsvarianten ist das Risiko, deutlich länger als vermutet auf das Baugeld warten zu müssen, derzeit eher gering. Dazu trägt auch ein von den Kassen zu haltender Ausgleichstopf bei, der in Zeiten rarer Geldzuflüsse größere Schwankungen bei der Wartezeit verhindern soll. Völlig ausschließen lässt sich das Problem aber nicht. Schon der Wegfall der staatlichen Förderung könnte zu deutlichen Einbrüchen bei den Spargeldern und entsprechend verzögerten Vertragszuteilungen führen. Deshalb

Zurzeit stabile Wartezeiten
bis zur Zuteilung

sollten Sie bei Vertragsabschluss in Aussicht gestellte Zuteilungstermine nie als festen Termin in Ihre Finanzierung einkalkulieren.

Selbst wenn sich die Lage verschlechtert, müssen Sie aber nicht tatenlos zuschauen. Wann ein Vertrag zugeteilt wird, lässt sich nämlich zumindest teilweise aktiv steuern. Konkretisiert sich der Zeitpunkt des Baubeginns oder Immobilienkaufs, sollten Bausparer bei Ihrer Bausparkasse nachfragen, wann regulär mit der Zuteilung zu rechnen ist. Passt der Termin nicht in Ihren Zeitplan, können Sie zum Beispiel mit Sonderzahlungen zu bestimmten Zeitpunkten die Wartezeit deutlich verkürzen. Fehlt Ihnen hierfür das nötige Geld, bringt eine Reduzierung der Vertragssumme den gleichen Effekt, allerdings verbunden mit dem Verzicht auf einen Teil des Bauspardarlehens.

Eventuell durch Sonderzahlungen Wartezeit verkürzen

Ein Problem besteht allerdings: Oft beherrschen Vermittler und die Mitarbeiter der Bausparkassen ihr Handwerk nicht gut genug, um solche Optimierungen vorzunehmen. Oder sie haben einfach keine Interesse daran, weil der Beratungsaufwand keine Provisionseinnahmen bringt. Deshalb beschränkt sich der Kontakt zu den Kunden leider oft vor allem darauf, diesen von Zeit zu Zeit eine Vertragsaufstockung oder einen weiteren Vertragsabschluss anzubieten. Interessieren Sie sich für den Abschluss eines Bausparvertrags, sollten Sie deshalb Ihrem Berater vor der Unterzeichnung auf den Zahn fühlen. Lassen Sie ihn verschiedene Vertragskonzepte für unterschiedliche Zeithorizonte entwickeln und fragen Sie auch danach, welche Optimierungsmöglichkeiten durch Sonderzahlungen bestehen. Gibt es keine befriedigenden Antworten und Lösungsvorschläge, sollten Sie sich lieber nach einem anderen Anbieter umschauen. Denn wenn der Vertrag unterschrieben ist, wird das Engagement bestimmt nicht größer werden.

Wenn nichts geht: anderen Anbieter suchen

Die staatliche Bausparförderung

Außer mit der direkten Förderung des Wohnungsbaus durch öffentliche Baudarlehen unterstützt der Staat traditionell auch die langfristige private Vermögensbildung. Im Katalog der begünstigten

Sparformen findet sich seit jeher auch das Bausparen. Und dabei haben Sie die Wahl zwischen drei Förderarten:

⋯⟩ Förderung mit Wohnungsbauprämie,
⋯⟩ Förderung mit Arbeitnehmersparzulage,
⋯⟩ Förderung im Rahmen des Riester-Sparens (⋯⟩ Seite 117 ff.).

Die Wohnungsbauprämie

Als Bausparer können Sie für Ihre Einzahlungen auf einen Bauspar-vertrag zusätzlich vom Staat eine Wohnungsbauprämie kassieren. Die wesentliche Voraussetzung dafür ist allerdings, dass Ihr Jah-reseinkommen bestimmte Grenzen nicht übersteigt – und zwar bei Alleinstehenden 25.600 Euro und bei Verheirateten 51.200 Euro. Maßgeblich ist das zu versteuernde Einkommen, also das Einkom-men, das auf Ihrem Steuerbescheid am Ende unterm Strich steht und nach dem die zu zahlende Einkommensteuer festgesetzt wird. Der Vorteil: Brutto können Sie unter Umständen deutlich mehr verdienen, denn zur Ermittlung des zu versteuernden Einkommens werden vom Bruttoentgelt Werbungskosten, Sonderausgaben und diverse Freibeträge abgezogen.

Kein Prämienanspruch bei hohem Einkommen

Doch zur Prämie selbst: Sie beträgt 8,8 Prozent und wird auf einen Einzahlungsbetrag von jährlich bis zu 512 Euro bei Alleinstehenden und 1.024 Euro bei Verheirateten gezahlt. Die maximal erreichbare Prämie liegt also bei 45 Euro bzw. 90 Euro. Als begünstigte Beträge erkennt das Finanzamt neben den Sparbeiträgen unter anderem auch die gutgeschriebenen Zinsen sowie die gezahlte Abschluss-gebühr an. Die Prämie wird natürlich auch bei geringeren Ein-zahlungen gewährt. Um den Anspruch für spätere Sparjahre zu er-halten, müssen Sie allerdings mindestens 50 Euro pro Jahr sparen. Prämienbegünstigt sind auch Einzahlungen, die Ihr Arbeitgeber für Sie als vermögenswirksame Leistungen überweist. Allerdings nur dann, wenn für die Beträge nicht gleichzeitig vom Staat eine Arbeit-nehmersparzulage gezahlt wird.

Prämienbegünstigt sind auch vermögenswirksame Leistungen

Für alle ab dem 1. Januar 2009 abgeschlossenen Bausparverträge besteht eine feste Zweckbindung. Das heißt, die Wohnungsbauprä-mie bleibt nur dann erhalten, wenn die geförderten Einzahlungen auch tatsächlich für eine sogenannte wohnungswirtschaftliche

Feste Zweckbindung für alle ab 2009 geschlossenen Verträge

Maßnahme verwendet werden – in erster Linie den Bau oder Kauf, die Renovierung oder den Umbau einer Immobilie. Nur wer bei Vertragsabschluss noch nicht den 25. Geburtstag gefeiert hat, kann über das angesparte Geld auch in Zukunft nach Ablauf der siebenjährigen Bindungsfrist völlig frei verfügen, ohne den Staatszuschuss zu verlieren.

Der **Prämienantrag** muss für jedes Jahr der Ansparphase neu gestellt werden. Daher kann es durchaus sein, dass Sie, auch wenn anfangs kein Anspruch bestanden hat, in späteren Jahren unter die Einkommensgrenze rutschen und dann die Voraussetzungen für die Wohnungsbauprämie erfüllen. In diesem Fall bekommen Sie die Prämie für das jeweilige Jahr – nicht aber rückwirkend für die gesamte bisherige Ansparzeit.

Prämiengutschrift erst nach Wartefrist

Der Prämienantrag für das abgelaufene Jahr muss bei der Bausparkasse gestellt werden, und zwar innerhalb von zwei Jahren. Für das Jahr 2010 zum Beispiel kann die Prämie also noch bis zum 31. Dezember 2012 beantragt werden. Die Bausparkasse übernimmt den Job des Finanzamts und prüft, ob Ihnen eine Prämie zusteht. Wenn ja, wird die Prämie allerdings nicht sofort auf den Vertrag gebucht, sondern nur Ihr Anspruch vermerkt. Sie erhalten eine entsprechende Mitteilung auf Ihrem Bausparkontoauszug. Die Gutschrift auf dem Konto erfolgt dann erst bei der Vertragszuteilung, bei einer prämienunschädlichen Kündigung oder bei den nicht der Zweckbindung unterliegenden Verträgen junger Bausparer nach Ablauf der siebenjährigen Bindungsfrist in einer Summe. Hierfür zieht die Kasse die Gesamtprämien beim Finanzamt ein.

Vermögenswirksame Leistungen und Arbeitnehmersparzulage

Als Arbeitnehmer haben Sie eine weitere Möglichkeit, den Staat am Ansparen eines Bausparvertrags zu beteiligen: die Arbeitnehmersparzulage. Die Rechtsgrundlage hierfür bildet das Fünfte Vermögensbildungsgesetz.

Viele Arbeitgeber zahlen ihren Arbeitnehmern aufgrund tarifvertraglicher Regelungen oder besonderer Betriebsvereinbarungen zusätzlich zu Lohn und Gehalt vermögenswirksame Leistungen,

im Idealfall sogar bis zum maximal geförderten Einzahlungsbetrag
von 470 Euro jährlich. Übernimmt Ihr Brötchengeber nicht den
vollen Betrag, können Sie ihn beauftragen, den Rest direkt von
Ihrem Lohn abzuziehen und auf den Sparvertrag zu überweisen.
Selbst einzahlen können Sie nicht, da Beträge nur dann als vermögenswirksame Leistungen anerkannt werden, wenn sie direkt vom
Arbeitgeber fließen.

Staatlich gefördert wird nur das Ansparen bestimmter Anlageformen, insbesondere Bauspar- und Aktienfondssparverträge. Zwar
können Sie die vermögenswirksamen Leistungen auch in Bank-
sparverträge und Lebensversicherungen investieren, eine Arbeitnehmersparzulage gibt es dafür aber nicht.

Bausparer erhalten dagegen vom Finanzamt zusätzlich 9 Prozent
der jährlichen Sparraten auf maximal 470 Euro, also pro Jahr
42,30 Euro, aufgerundet 43 Euro. Ehepaare, die beide Arbeitnehmer sind, können die Förderung durch den Abschluss eines
gemeinsamen oder von zwei einzelnen Bausparverträgen und die
Einzahlung von insgesamt 940 Euro pro Jahr verdoppeln.

Wer in den Genuss der Zulagen kommen will, muss allerdings eine   Einkommensgrenzen
entscheidende Hürde nehmen: die Einkommensgrenze. Denn Vater   beachten
Staat öffnet die Kasse nur für Sparer, die als Ledige nicht mehr als
17.900 Euro und als Verheiratete maximal 35.800 Euro pro Jahr
verdienen. Dabei zählt – wie bei der Wohnungsbauprämie – wieder
das zu versteuernde Einkommen. Brutto darf es also mehr sein.
Liegt Ihr Einkommen trotzdem höher, aber unter den Grenzen für
die Wohnungsbauprämie, so können Sie immerhin noch die Wohnungsbauprämie auf die vermögenswirksamen Leistungen beantragen.

Zulagenberechtigte können dagegen neben der Bausparförderung
auch noch zusätzliche Zulagen für einen Aktienfondssparvertrag
kassieren. Für die maximale Förderung müssen Sie aus Ihrem
Gehalt vom Arbeitgeber allerdings weitere 400 Euro überweisen
lassen. Dafür winkt dann aber eine Arbeitnehmersparzulage von
sogar 20 Prozent pro Jahr.

Zulage beim Finanzamt beantragen

Beantragen müssen Sie die Arbeitnehmersparzulage bei Ihrem Finanzamt. Dafür reichen Sie die von der Bausparkasse oder Fondsgesellschaft ausgestellte Einzahlungsbescheinigung zusammen mit Ihrer Einkommensteuererklärung ein und kreuzen im Hauptformular den Passus »Antrag auf Festsetzung der Arbeitnehmersparzulage« an. Auch hier ist wieder eine Frist von zwei Jahren nach Ablauf des Sparjahrs zu beachten. Ausgezahlt wird die Zulage nicht Jahr für Jahr, sondern wiederum nach Ablauf einer siebenjährigen Sperrfrist oder einer vorzeitigen förderunschädlichen Verfügung.

Gesetzliche Bindungsfristen

Wer von staatlichen Fördermitteln profitieren will, muss meist bestimmte Einschränkungen akzeptieren. So können Sie auch mit Geldern aus Bausparverträgen, die mit Wohnungsbauprämie oder Arbeitnehmersparzulage gefördert wurden, nicht tun und lassen, was Sie wollen. Vor allem ist eine gesetzlich vorgegebene Sperrfrist für die Mittelverwendung zu beachten. Bisher betrug sie für beide Förderwege sieben Jahre, gerechnet ab dem Vertragsabschluss. Für Bausparer, die bei der Unterschrift jünger als 25 Jahre sind, ändert sich auch künftig daran nichts.

Eingeschränkte Verwendungsfreiheit bei staatlich geförderten Verträgen

Alle anderen Bausparer unterliegen dagegen mit ihren seit dem 1. Januar 2009 abgeschlossenen Verträgen bezüglich der Wohnungsbauprämie einer unbefristeten Zweckbindung. Nur wenn das Kapital in eine wohnungswirtschaftliche Maßnahme fließt, bleiben die Prämien erhalten. Ist das nicht der Fall oder halten junge Bausparer die Bindungsfrist nicht ein, sind die Prämien zurückzuzahlen bzw. werden erst gar nicht auf den Vertrag gutgeschrieben. In einem solchen Fall spricht man von einer **»prämien-« oder »zulagenschädlichen« Verfügung.** Die neu eingeführte unbefristete Zweckbindung gilt allerdings nicht für die Förderung per Arbeitnehmersparzulage. Hier ist lediglich die Frist von sieben Jahren einzuhalten.

Natürlich gibt es auch Ausnahmen von der Regel: Wird Ihr Bausparvertrag zum Beispiel bereits vor dem Fristablauf zugeteilt und das Vertragsguthaben für eine sogenannte wohnungswirtschaftliche Maßnahme verwendet, behalten Sie die Förderung. Selbst bei einer entsprechenden Verwendung des Guthabens ist eine Rückzahlung vom Bausparkonto aber prämien- und zulagenschädlich, wenn der Bausparvertrag einfach gekündigt wird.

Sonderregelungen gibt es auch für Notfälle: Stirbt der Vertragsinhaber oder sein Ehepartner oder wird einer von beiden völlig erwerbsunfähig, bleibt die Förderung bei einer Vertragskündigung komplett erhalten. Das gilt ebenfalls für den Fall, dass der Bausparer nach Vertragsabschluss mindestens ein Jahr ununterbrochen arbeitslos wird.

In Notfällen bleibt Förderung trotz Kündigung erhalten

Ist die gesetzliche Bindungsfrist abgelaufen, können Sie Ihr Bausparguthaben verwenden, wofür Sie wollen, ohne die staatlichen Vergünstigungen zu gefährden.

Die richtige Finanzierungsstrategie in verschiedenen Ausgangssituationen

In welchen vertraglichen Rahmen Sie sich mit dem Abschluss eines Bausparvertrags begeben und wie das System funktioniert, wissen Sie jetzt. Letztlich geht es aber darum zu entscheiden, ob es für Sie überhaupt sinnvoll ist, einen Bausparvertrag abzuschließen und in die Finanzierung einzubauen. Oder es stellt sich die Frage, wie Sie mit bereits bestehenden Verträgen umgehen sollen.

Die folgenden Abschnitte sollen Ihnen konkrete Hilfe bieten, die richtige Entscheidung zu treffen. Dabei orientieren wir uns an den verschiedenen denkbaren Ausgangssituationen:

Entscheidungshilfe für jede Situation

⸱⸱⸱⸢ Sie besitzen einen zuteilungsreifen Bausparvertrag,
⸱⸱⸱⸢ Sie besitzen keinen Bausparvertrag,
⸱⸱⸱⸢ Sie besitzen einen noch nicht zuteilungsreifen Bausparvertrag.

Sie besitzen einen zuteilungsreifen Bausparvertrag

Waren Sie mit Ihrem Vertrag bereits am Ziel und der Baubeginn oder Kauftermin stand kurz bevor, gab es in der Vergangenheit nur einen Tipp: Beantragen Sie die Zuteilung und stecken Sie Bausparguthaben und -kredit in die Finanzierung. Doch die Zeiten ändern sich. In der anhaltenden Niedrigzinsphase sollten Sie ganz genau hinschauen, ob der effektive Jahreszins des Bauspardarlehens

nicht höher ausfällt als der Effektivzins aktueller Hypotheken-
kreditangebote von Banken und Sparkassen.

Gerade bei den älteren Tarifen mit Ansparzinsen von jährlich
2,5 oder 3 Prozent liegt der Effektivzins des Darlehens oft deutlich über 5 Prozent pro Jahr. Da wäre es unsinnig, nicht auf Bank-
angebote zurückzugreifen, sofern diese deutlich zinsgünstiger
sind. Die bittere Konsequenz für treue Bausparer: Trotz langjähriger
Ansparleistung verzichten Sie besser auf das Bauspardarlehen und
lassen sich lediglich das Guthaben auszahlen.

**In Niedrigzinsphasen Ver-
gleichsangebote von Banken
einholen**

Einfach gestaltet sich der Effektivzinsvergleich aber leider nicht.
Denn den von der Bausparkasse in den Bedingungen ausgewie-
senen Zins können Sie nicht als verlässlichen Maßstab nehmen.
Er wird auf der Grundlage von Bedingungen berechnet, die mit der
Finanzierungsrealität oft wenig gemein haben. So geht die Muster-
rechnung davon aus, dass immer das maximale Bauspardarlehen
abgerufen wird. Liegt das Anspargutthaben über dem Mindestsatz,
verringert sich aber die Kreditsumme – mit der Folge, dass die
Laufzeit kürzer wird. In der Darlehensphase fällige Kosten, etwa
die Darlehensgebühr, sind dann über einen kürzeren Zeitraum
zu verrechnen: Der Effektivzins steigt. Der »echte« effektive Ver-
gleichszins muss außerdem berücksichtigen, ob bei einem Verzicht
auf das Darlehen die Abschlussgebühr zurückgezahlt wird oder
sogar ein nachträglicher Zinsbonus winkt. Ist das der Fall, muss
der bei einem Abruf des Bausparkredits eintretende Verlust dieser
Vorteile als Kostenfaktor bei der Effektivzinsermittlung berücksichtigt werden. Bestehen solche Optionen, fällt der Effektivzins immer
deutlich höher aus als in den Bedingungen ausgewiesen.

**Komplizierte Vergleichs-
rechnung**

Beim Zinsvergleich ist ebenfalls immer zu beachten, für welchen
Teil der Finanzierung der Kredit gebraucht wird. Übersteigt Ihr Geldbedarf die erstrangige Beleihungsgrenze, kommen bei der Bank
Zinsaufschläge dazu, beim Bausparkredit nicht. Fällt der Effektiv-
zinsnachteil zur erstrangigen Bankkondition nur gering aus, kann
dies dazu führen, dass das Bauspardarlehen doch die bessere
Wahl ist.

Wird die Bausparsumme nicht sofort, sondern erst in ein oder zwei Jahren gebraucht, ist zu entscheiden, was Sie mit Ihrem zuteilungsreifen Vertrag machen. Sie können ihn zum Beispiel einfach fortsetzen und die Zuteilung zu gegebener Zeit beantragen. Weitere Einzahlungen sollten dann aber nicht mehr fließen, weil Sie hierdurch im Normalfall Ihren Darlehensanspruch verkleinern.

Um das Maximale herauszuholen, wäre aber auch eine Vertragserhöhung zu überlegen. Und zwar so, dass der Vertrag mit den geplanten weiteren Einzahlungen zum Zieltermin wieder in der Zuteilung ist. Dadurch erhöhen Sie den Darlehensanspruch. Diese Strategie ist vor allem sinnvoll, wenn die Hypothekendarlehen von Kreditinstituten deutlich teurer sind. Lassen Sie sich vor der Erhöhung aber die damit verbundenen Konsequenzen, wie die Veränderung der Bewertungsziffer und eventuelle Sperrfristen, erläutern. Bei Tarifen, die nicht mehr im Neugeschäft verkauft werden, kann eine Aufstockung der Bausparsumme auch zu einem kompletten Tarifwechsel führen. Sind die Bedingungen der Neuverträge schlechter, lassen Sie besser alles, wie es ist.

Tipp

Fühlen Sie sich mit so viel Finanzmathematik überfordert, sollten Sie Kontakt mit einem Baufinanzierungsberater einer Verbraucherzentrale (Adressen ⟶ Seite 163) aufnehmen. Diese verfügen über das Wissen und die nötige Software, um den Effektivzinsvergleich zwischen Bauspardarlehen und Bankhypothek für Sie durchzuführen.

Sie besitzen noch keinen Bausparvertrag

In einer anderen Ausgangssituationen sind Bauherren, die noch keinerlei Berührung mit einer Bausparkasse hatten. Gehören Sie zu dieser Gruppe, müssen Sie die Frage beantworten, ob ein Bausparvertrag für Sie eine der tragenden Säulen Ihrer geplanten Finanzierung werden soll. Die Antwort darf natürlich nicht einfach aus dem Bauch heraus gegeben werden. Basis einer vernünftigen Entscheidung sollte eine Gegenüberstellung der Bausparfinanzierung mit den sich bietenden alternativen Finanzierungsmodellen sein. Wie diese aussehen, hängt vor allem von Ihrem persönlichen **Planungshorizont** ab.

Wichtig: Vergleich verschiedener Finanzierungsmodelle

Planungshorizont ca. acht bis zehn Jahre

Peilen Sie beispielsweise den Einstieg in die eigenen vier Wände erst in ca. acht bis zehn Jahren an, geht es vor allem darum, wie Sie Ihr Vorhaben langfristig finanziell am besten vorbereiten. Das kann zum Beispiel durch den **Abschluss eines Bausparvertrags** geschehen. Mit der Einzahlung der Regelsparraten dürfte im Normalfall die Zuteilungsreife im Planungszeitraum zu erreichen sein. Da Ihr Ziel das günstige Bauspardarlehen ist, fällt die Tarifwahl am besten auf einen Finanzierertarif mit niedrigem Kreditzins und einer Mindestansparung von möglichst nur 40 Prozent der Bausparsumme. Wie die Finanzierung unter diesen Bedingungen ablaufen kann, zeigt das Beispiel links.

Beispiel

Sie schließen einen Bausparvertrag über eine Summe von 50.000 Euro ab. Der Tarif sieht eine Abschlussgebühr von 1 Prozent der Bausparsumme, eine Mindestansparung von 40 Prozent und eine Guthabenverzinsung von 1,5 Prozent p. a. vor. Mit einem Regelsparbeitrag von 4 Promille der Vertragssumme, also 200 Euro monatlich, erreichen Sie die Zuteilung nach acht Jahren und zwei Monaten. Das Guthaben beträgt exakt 20.265 Euro. Inklusive einer Darlehensgebühr von 1 Prozent beträgt das Bauspardarlehen 30.032 Euro. Der nominelle Kreditzins liegt bei jährlich 4 Prozent. Mit den tariflich festgelegten Zins- und Tilgungsraten von 300 Euro (= 6 Promille der Bausparsumme) ist das Darlehen nach zehn Jahren und zwei Monaten getilgt. Der Gesamtaufwand für den Kredit summiert sich auf 36.600 Euro.

So weit die Bausparfinanzierung – als **Finanzierungsalternative** könnten Sie das Ansparen des Kapitals auch selbst in die Hand nehmen und anschließend ein normales Hypothekendarlehen aufnehmen. Die Rechnung könnte dann wie im Beispiel auf Seite 93 aussehen. Im Beispielfall wären Sie mit dem Abschluss eines Bausparvertrags also langfristig deutlich besser bedient als mit der eigenständigen Alternativfinanzierung. Die Wahl eines anderen

Tarifs und eine abweichende Markt-
zinsentwicklung bei Geldanlagen
und Hypothekendarlehen würden
dagegen zu abweichenden Ergebnis-
sen führen. Müsste im Beispiel eine
höhere Bausparsumme angespart
werden, würde ein Banksparvertrag
mehr Zinsen bringen und läge der
spätere Finanzierungszins niedriger,
wäre schnell die Alternativ-Finanzie-
rung bei der Bank vorteilhafter.

An diesen Beispielen zeigt sich das
Kernproblem, eine Entscheidung
zu treffen: Niemand kann Ihnen im
Voraus sagen, mit welchem Finan-
zierungsweg Sie am besten fahren. Letztlich ist ein aussagefähiger
Vergleich nur im Rückblick möglich. Allerdings können Sie sich zumindest eine eigene Meinung darüber bilden, wie die Sache ausgehen könnte, wenn bestimmte Annahmen eintreten. Dafür müssen
Sie die entscheidenden Einflussfaktoren kennen. Dabei handelt es
sich um:

---> die künftige Entwicklung der Anlage- und Hypothekenzinsen,
---> den gewählten Bauspartarif,
---> die Leistungsfähigkeit der Bausparkasse.

Vor allem bei Verträgen mit kleineren Summen beeinflusst auch
eine mögliche Förderung mit Wohnungsbauprämie und/oder
Arbeitnehmersparzulage das Vergleichsergebnis – natürlich zu-
gunsten des Bausparvertrags.

Ob Sie mit dem beschriebenen Alternativmodell besser fahren
als mit einer Bausparfinanzierung, hängt vor allem von der **allgemeinen Zinsentwicklung** ab. Können Sie während einer Hochzinsphase ansparen und anschließend zu günstigen Bankkonditionen
finanzieren, haben die Bausparkassen keine Chance. Denn der in
der Ansparphase eingetretene Zinsverlust ist zu hoch, um durch
relativ geringe oder sogar keinerlei Zinsvorteile beim Bauspar-

Beispiel

Angenommen, Sie erzielen mit einem Banksparvertrag eine
Verzinsung von 2,0 Prozent pro Jahr. Dann beträgt das Guthaben bei Einzahlungen von 200 Euro im Monat nach acht Jahren
und zwei Monaten 21.293 Euro. Im Vergleich zum Bausparguthaben sind das rund 1.000 Euro mehr.

Um den Gesamtbedarf von 50.000 Euro zu decken, müssen
Sie somit nur ein Baudarlehen über 28.707 Euro aufnehmen.
Darlehensgebühren fallen dabei nicht an. Allerdings könnten
bis dahin die Zinsen gestiegen sein und die Bank verlangt
einen Kreditzins von nominal 7 Prozent jährlich. Mit monatlichen Tilgungsraten von 300 Euro ist der letzte Euro dann nach
elf Jahren und neun Monaten getilgt. Der Gesamtaufwand des
Kredites beträgt 42.133 Euro. Also rund 5.500 Euro mehr als
bei der Bausparfinanzierung. Das Darlehen dürfte nur einen
Effektivzins von maximal 5,07 Prozent pro Jahr haben, damit
das Modell nicht teurer als der Bausparvertrag wird.

*Entscheidung von Zukunfts-
erwartungen abhängig*

*Einschätzung der Zins-
entwicklung beeinflusst
Entscheidung*

darlehen aufgewogen zu werden. Diese Situation hat viele Bausparer erwischt, deren Verträge in den letzten Jahren fällig wurden. Sollten dagegen die Marktzinsen in absehbarer Zeit noch niedrig bleiben, langfristig aber wieder deutlich steigen, werden die heutigen Bauspareinsteiger voraussichtlich auf der Gewinnerseite stehen. Geringen Zinseinbußen in der Sparphase steht dann ein hoher Zinsvorteil bei der Finanzierung gegenüber. Mit niedrigem Kostenaufwand hätten Sie sich in diesem Fall günstige Zinsen gesichert.

Sind Sie unsicher, können Sie auch eine Kompromisslösung wählen: Schließen Sie zunächst einen niedrigen Bausparvertrag ab, mit dem Sie im Idealfall die staatliche Förderung kassieren. Achten Sie darauf, dass der Tarif später den Wechsel in eine Finanzierervariante ermöglicht, und zwar ohne große Nachteile. Bleibt das Zinsniveau niedrig, lassen Sie sich nach Ende der Sperrfrist das Guthaben auszahlen und setzen es als Eigenkapital ein. Steigen dagegen die Kapitalmarktzinsen, können Sie den Vertrag aufstocken und das Bauspardarlehen als Baustein in Ihre Finanzierung einbeziehen.

Gehen Sie schon heute fest von langfristig steigenden Zinsen aus und wählen daher die Bausparvariante, sollten Sie sorgfältig den passenden Vertragspartner und den richtigen Tarif aussuchen. Eigenständig ist das für Finanzierungsneulinge allerdings kaum möglich.

Planungshorizont unter acht Jahren

Auch wenn Ihr Planungshorizont deutlich kürzer als acht bis zehn Jahre ausfällt, müssen Sie die gleichen Überlegungen anstellen. Die Alternative zum Bausparvertrag ist wiederum die Kombination aus Ansparvertrag und Bankhypothek, nur dass die Ansparphase jetzt entsprechend kürzer ausfällt. Ebenso fordert die Tatsache, dass das Bauspardarlehen jetzt deutlich früher abrufbereit sein muss, Konsequenzen bei der Tarifwahl und beim Ansparen des Vertrags. Planen Sie mit einem Zeitraum von fünf bis sechs Jahren, lässt sich das unter Umständen noch durch übertarifliche Ratenzahlungen bewerkstelligen. Liegt der Zieltermin aber deutlich früher, helfen nur weitere Sonderzahlungen und die Wahl eines Schnellspartarifs. Sonst werden Sie an einer Zwischenfinanzierung

Tipp

Eine wichtige Hilfestellung bieten die von der Stiftung Warentest regelmäßig durchgeführten und in der Zeitschrift »Finanztest« veröffentlichten Anbietervergleiche. Hier finden Sie für verschiedene Planungszeiträume sowohl die besten Kassen als auch die bedarfsgerechtesten Vertragstarife.

nicht vorbeikommen, wenn über die volle Vertragssumme verfügt werden soll. Und das treibt die Kosten in die Höhe. Aber auch eine schnellere Zuteilung hat Folgen: Die meisten Schnellspartarife sehen hohe Tilgungsraten vor, die Ihr Budget sprengen könnten.

Der schnellste Weg zur Zuteilung führt über die **Soforteinzahlung** des Vertrags. Das heißt, Sie zahlen bei Vertragsabschluss auf einen Schlag die volle Mindestsparsumme ein. Aber auch dann ist noch Geduld gefordert, denn bereitgestellt wird die Bausparsumme im Normalfall frühestens nach zwei bis vier Jahren. Ob sich solche Aktionen überhaupt lohnen, hängt wiederum von der Entwicklung an den Kapitalmärkten ab, wobei aufgrund der kurzen Ansparphase der künftige Hypothekenzins die zentrale Rolle spielt. Vor allem, wenn er während der einkalkulierten Vorlaufzeit stark ansteigt, kann der günstige Bausparkredit seine Vorteile voll ausspielen.

> Soforteinzahlung führt nicht zur sofortigen Zuteilung

Sofortfinanzierungen

Selbst wenn die Finanzierung sofort starten soll und Sie bisher noch keinen Cent in einen Bausparvertrag gezahlt haben, weisen die Bausparkassen Ihnen nicht die Tür. Die Lösung für solche Fälle besteht in einer Sofortfinanzierung. Das Modell funktioniert so, dass gleichzeitig mit der Unterzeichnung eines Bausparvertrags in Höhe des benötigten Geldbetrags ein **Vorausdarlehen** aufgenommen wird. Der Kreditbetrag fließt an Sie, um die Baukosten oder den Kaufpreis der Immobilie zu finanzieren. In der Folgezeit zahlen Sie für den Kredit Zinsen, aber keine Tilgungsraten. Denn zur Tilgung wird parallel der Bausparvertrag angespart. Ihre Belastung besteht in dieser Phase also aus den Zinsraten und den Bausparbeiträgen. Bei Erreichen der Zuteilung wird mit der sich aus Sparguthaben und Bauspardarlehen zusammensetzenden Bausparsumme das Vorausdarlehen auf einen Schlag zurückgezahlt. Anschließend erfolgt ganz normal die Rückzahlung des Bausparkredits mit den vertraglich festgelegten Tilgungsbeiträgen.

> Bausparguthaben nachträglich ansparen

Ob sich das Modell rechnet, zeigt wieder nur der Vergleich mit Alternativen. In diesem Fall könnten Sie anstelle des Bausproprodukts über denselben Betrag einfach ein normales Hypothekendarlehen bei einer Bank oder Sparkasse aufnehmen. Aufschluss über die Wirtschaftlichkeit bringt der Effektivzinsvergleich. Bietet die Bausparkasse eine Zinsfestschreibung bis zum tatsächlichen Zuteilungstermin, besteht in Kombination mit dem festen Zins fürs Bauspardarlehen Zinssicherheit für die Gesamtlaufzeit der Finanzierung. Deshalb müssen Sie als Vergleichsgröße ein Hypothekendarlehen mit ebenfalls sehr langfristiger Zinsbindung heranziehen. Entsprechende Konditionen finden Sie zum Beispiel in den aktuellen Hypothekenzinsvergleichen der Verbraucherzentralen (Adressen ⸱⸱⸱ Seite 163).

Vorsicht, Falle!

Wenn auch die Gegenüberstellung der jährlichen Effektivzinssätze eigentlich ein Kinderspiel ist, müssen Sie dennoch aufpassen, dass Sie nicht in eine von vielen Bausparkassen aufgestellte Falle tappen. Denn verwertbare Ergebnisse bekommen Sie nur, wenn Sie als Vergleichsgröße den Gesamteffektivzins des Bausparmodells wählen. Und den liefern Ihnen viele Anbieter nicht oder nur auf Nachfrage. Lieber werben sie mit günstigen Konditionen für das Vorausdarlehen und den anschließenden Bausparkredit. Das ist aber noch nicht einmal die halbe Wahrheit. Wer sich davon blenden lässt, vergisst einen wichtigen Kostenfaktor: Während der Phase der Vorausfinanzierung zahlen Sie nämlich für den Kredit deutlich mehr, als Sie als Guthabenzins von der Bausparkasse bekommen. Der entstehende Zinsverlust treibt zwar die Finanzierungskosten kräftig in die Höhe, wird aber weder in den Effektivzins des Voraus- noch des Bauspardarlehens eingerechnet. Klarheit bringt nur der Gesamteffektivzins, zu dessen Angabe die Anbieter jedoch nicht gesetzlich verpflichtet sind.

Selbe Rate über gesamte Laufzeit

Eine neuere Variante der Sofortfinanzierung sind die sogenannten **Konstantmodelle**. Sie besitzen die folgende Besonderheit: Anders als bei einer normalen Vorausfinanzierung verändert sich nach der Zuteilung des Bausparvertrags nicht die Ratenbelastung. Die Produkte sind so konstruiert, dass Sie vom ersten bis zum letzten Tag der Finanzierung dieselbe Rate zahlen. Wählen können Sie dabei meist zwischen Laufzeiten von ca. 15 und 20 Jahren bis zu 27 Jahren. Dabei gilt natürlich: je kürzer die Laufzeit, desto höher die Ratenbelastung. Ein interessantes Angebot für all diejenigen, die über die gesamte Dauer der Finanzierung eine fest kalkulierbare Belastung wünschen.

Allerdings sollten Sie auch hier nur einsteigen, wenn die Bausparkasse Ihnen den Gesamteffektivzins ermittelt, der die vom ersten bis zum letzten Tag der Laufzeit anfallenden Kosten erfasst. Nur wenige Institute weisen diese Vergleichszahl freiwillig auf dem Konditionentableau aus. Zeigt sich ein Anbieter halsstarrig und verweigert die Effektivzinsangabe selbst auf Nachfrage, kann das nur eine Konsequenz haben: Sie streichen ihn aus der Liste der potenziellen Geldgeber. Denn Bausparkassen mit günstigem Angebot dürften solche Spielchen nicht nötig haben.

Angabe des Gesamteffektivzinses einfordern

Sie besitzen einen noch nicht zuteilungsreifen Bausparvertrag

Im Finanzierungsalltag ist die Bausparfinanzierung oft keine Punktlandung. Wer kann schon heutzutage über acht oder neun Jahre verlässlich planen? So kommt es häufig vor, dass Bausparer das Geld für die Umsetzung der Eigenheimpläne brauchen, bevor die Zuteilung des Bausparvertrags erreicht ist. Dann stellt sich die Frage, was zu tun ist.

In der Regel bieten die Bausparkassen in solchen Fällen eine **Vor- oder Zwischenfinanzierung** des Vertrags an. Bis die Zuteilung erreicht ist, erhalten Sie einen Kredit in Höhe der Vertragssumme. Das Darlehen wird mit der fälligen Bausparsumme auf einen Schlag zurückgezahlt. Anschließend tilgen Sie den Bausparkredit. In Ihre eigene Tasche fließt bei der Zuteilung also kein Geld mehr. Es erfolgt lediglich eine Überweisung auf das Zwischenkreditkonto.

Vorfinanzierung bis zur Zuteilung

Das Abwicklungsprinzip entspricht also einer Sofortfinanzierung (Seite 95), allerdings mit dem Unterschied, dass schon ein Bausparvertrag besteht und damit die Laufzeit des Zwischenkredits kürzer ausfällt. Die Nachteile des Sofortgelds bleiben dabei aber leider erhalten. Voraus- oder Zwischenfinanzierungsdarlehen werden nicht zum billigen Zins des Bausparkredits bereitgestellt, sondern zu marktüblichen Finanzierungskonditionen. Bis zur Zuteilung zahlen Sie also deutlich mehr Zinsen, als Sie gleichzeitig für Ihr Vertragsguthaben erhalten. Die Verlustspanne verteuert natürlich Ihre Finanzierung, insbesondere in Hochzinsphasen.

Sofortgeld in der Regel teurer

Deshalb muss das Ziel Ihrer Planungen immer sein, die Dauer der Zwischenfinanzierung so kurz wie möglich zu halten oder, besser noch, diese ganz zu vermeiden. Zudem sollten Sie darauf achten, dass der Kredit jederzeit bei Zuteilung des Bausparvertrags abgelöst werden kann. Sonst droht Ihnen als Zusatzaufwand noch die Zahlung einer sogenannten Vorfälligkeitsentschädigung (⋯⋗ Seite 136).

Wenn eine Vor- oder Zwischenfinanzierung zu den unliebsamen Ereignissen innerhalb der Bausparfinanzierung gehört, stellt sich natürlich die Frage, welche Alternativen es dazu gibt. Grundsätzlich haben Sie folgende weitere Handlungsmöglichkeiten:
⋯⋗ Kündigung des Bausparvertrags,
⋯⋗ Ermäßigung der Bausparsumme,
⋯⋗ Bildung von Teilbausparsummen.

Kündigung des Bausparvertrags

Die rigoroseste Möglichkeit, zumindest an Ihr eingezahltes Guthaben zu kommen, ist eine Kündigung des Bausparvertrags. Diese können Sie jederzeit aussprechen. Die Rückzahlung des Ersparten erfolgt dann im Normalfall nach Ablauf einer Frist von sechs Monaten. Allerdings verzichten Sie bei einer Kündigung auf das zinsgünstige Bauspardarlehen. Um die Lücke zu stopfen, müssen Sie sich – in Höhe der Differenz zwischen Bausparguthaben und Bausparsumme – ein normales Hypothekendarlehen bei einem Kreditinstitut besorgen.

Kündigung jederzeit mit sechsmonatiger Frist möglich

Als Kostenfaktor der Kündigung ist auf jeden Fall der Verlust der Abschlussgebühr einzukalkulieren. Denn die gibt es bei einigen Tarifen nur zurück, wenn Sie bei Zuteilungsreife auf das Darlehen verzichten. Ebenso kann ein nachträglicher Zinsbonus für Nur-Sparer verloren gehen. Sollten Sie das Geld bereits vor Ablauf der Kündigungsfrist benötigen, müssen Sie außerdem damit rechnen, dass die Bausparkasse Ihnen für die vorzeitige Auszahlung eine Vorfälligkeitsentschädigung vom Guthaben abzieht. Nicht vergessen dürfen Sie bei staatlich geförderten Verträgen zudem die Folgen der Kündigung für eventuell erhaltene Prämien und Sparzulagen (⋯⋗ Seite 84).

Kosten einer Kündigung bedenken

Bevor Sie Ihren Bausparvertrag kündigen, sollten Sie sich anhand der Vertragsbedingungen deshalb über die Folgen informieren. Eventuelle Kosten können Sie bei der Bausparkasse erfragen.

Vor Kündigung Folgen erfragen

Ermäßigung der Bausparsumme

Eine weitere Alternative zur Vor- und Zwischenfinanzierung ist die Ermäßigung der Bausparsumme. Sinn und Zweck einer solchen Vertragsänderung liegt darin, eine schnellere Zuteilung des reduzierten Vertrags zu erreichen und dadurch die Kosten einer Überbrückungsfinanzierung zu sparen. Anders als bei einer Kündigung verzichten Sie bei einer Ermäßigung nicht auf das gesamte Bauspardarlehen, sondern nur auf einen Teil der Bausparsumme, der dann anderweitig beschafft werden muss. Dadurch ist auch nur die auf den Differenzbetrag zwischen alter und neuer Bausparsumme gezahlte Abschlussgebühr verloren.

Ziel ist schnellere Zuteilung

Damit die Vertragsänderung auch greifen kann, sollten Sie sich darüber möglichst schon einige Zeit vor dem Finanzierungstermin Gedanken machen. Gehen Sie die Sache erst kurz vor dem Immobilienerwerb an, müssen Sie unter Umständen immer noch mit einer gewissen Zwischenfinanzierungsphase leben.

Die Vertragssumme sollte bei einer Reduzierung möglichst so abgesenkt werden, dass der ermäßigte Vertrag das erforderliche Mindestguthaben aufweist (⤏ Beispiel rechts).

Die Mindestansparsumme allein stellt jedoch nur eine Voraussetzung zur Zuteilung dar. Entscheidend für den Zeitpunkt der Auszahlung des Vertrags ist vor allem die Höhe der erreichten Bewertungszahl (⤏ Seite 77). Welche Auswir

> **Beispiel**
>
> Sie besitzen einen Bausparvertrag über 50.000 Euro, der eine Ansparleistung von 15.000 Euro aufweist. Das als Zuteilungsvoraussetzung erforderliche Mindestsparguthaben beträgt jedoch 40 Prozent der Bausparsumme, also 20.000 Euro.
>
> Um möglichst schnell an Ihr Guthaben sowie zumindest einen Teil des günstigen Bauspardarlehens zu kommen, wollen Sie den Vertrag so reduzieren, dass er zu 40 Prozent angespart ist und dabei noch einen möglichst hohen Darlehensanspruch gewährleistet. In diesem Fall müssen Sie die Bausparsumme auf 37.000 Euro reduzieren. Ihr Guthaben von 15.000 Euro liegt dann knapp über dem geforderten Mindestsparguthaben von 14.800 Euro (= 40 Prozent von 37.000 Euro). Als Darlehensanspruch bleiben Ihnen nach der Reduzierung 22.000 Euro erhalten.

kungen eine Ermäßigung auf diesen Wert hat, ist eine wichtige Frage. Im günstigsten Fall stellt die Bausparkasse Ihren Vertrag so, als wäre er von Anfang an mit der niedrigeren Bausparsumme abgeschlossen worden. Die neu berechnete Bewertungszahl liegt dann aufgrund der geringeren Vertragssumme deutlich über dem bisher erreichten Wert. Der ermäßigte Vertrag wird unter Umständen schon in der nächsten Zuteilungsperiode ausgezahlt. Weniger kundenfreundliche Varianten sehen dagegen Abschläge von der Bewertungszahl vor. Aufschluss über die Praxis Ihrer Bausparkasse liefert auch hier der Blick ins Kleingedruckte.

Bildung von Teilbausparsummen

Einige Bausparkassen sehen in ihren Bedingungen die Möglichkeit, die Bausparsumme zu reduzieren, erst gar nicht vor. Sie bieten als Alternative die Bildung einer Teilbausparsumme. Hierbei wird die ursprüngliche Bausparsumme in mehrere Teilverträge aufgeteilt, die unabhängig voneinander weitergeführt werden und für die in Zukunft eine getrennte Berechnung der Bewertungszahl (→ Seite 77) erfolgt. Ist es zusätzlich erlaubt, das eingezahlte Sparguthaben auf die Teilverträge beliebig zu verteilen, dann können Sie bei geschicktem Vorgehen die Zuteilung eines Teilbetrags Ihrer ursprünglichen Bausparsumme deutlich beschleunigen. Im besten Fall ist bei der Bildung von zwei Teilverträgen die Einzahlung der gesamten bisherigen Sparleistung auf einen Vertrag möglich, während Sie bei dem anderen Vertrag wieder bei Null beginnen.

Aufteilung führt schneller zum Ziel

Wie bei der Ermäßigung der Bausparsumme sollten Sie aber auch in diesem Zusammenhang darauf achten, welche Auswirkungen die Teilung auf die Bewertungszahl hat und wann mit einer Zuteilung eines Teilvertrags frühestens gerechnet werden kann.

Teilbausparsumme meist ungünstig

Wenig sinnvoll ist die Bildung einer Teilbausparsumme, wenn das vorhandene Sparguthaben nicht beliebig verteilt werden kann, sondern die Bausparkasse dies nur entsprechend dem Verhältnis der Teilverträge erlaubt. Dann wird trotz Teilung in der Regel eine längere Vorfinanzierung notwendig.

Neuere Bauspartarife bieten auch die Möglichkeit, Teilbausparsummen abzurufen, ohne den Vertrag formell zu teilen. Die Höhe der abrufbaren Summe richtet sich dabei nach der bereits erbrachten Ansparleistung. Aber auch hier gilt wieder: Je früher Sie ans Geld wollen, desto schneller müssen Sie mit entsprechend hohen Tilgungsraten zurückzahlen und desto teurer wird in der Regel der Bausparkredit.

Wie gehen Sie richtig vor?

Nachdem Sie erfahren haben, wie eine Vor- oder Zwischenfinanzierung abläuft, welche Risiken sie mit sich bringt und welche Alternativen existieren, taucht zwangsläufig die Frage auf, mit welcher Möglichkeit Sie im Fall des Falles am besten fahren. Hierzu bereits vorab: Die allgemeingültige Antwort auf diese Frage gibt es leider nicht!

Es gibt kein Patent-rezept

Denn die richtige Strategie hängt von einigen Faktoren ab, die recht unterschiedlich ausfallen können. Dazu gehört zum Beispiel die **Höhe des angesparten Vertragsguthabens.** Je geringer das Kapital, desto länger müssen Sie teuer zwischenfinanzieren.

Natürlich spielt auch wieder **das allgemeine Zinsniveau** eine wichtige Rolle. Gibt es Hypothekendarlehen für ähnlich günstige – oder sogar niedrigere – Effektivzinssätze wie Bauspardarlehen, ist es bei einem sofortigen Geldbedarf meist sinnlos, weiter zu sparen. Im Gegenteil: Eine Vertragskündigung und der Abschluss eines Bankdarlehens kann in dieser Situation sogar kräftig Kosten senken.

In Zeiten teuren Baugelds ist es dagegen oft besser, die Zwischenfinanzierungskosten in Kauf zu nehmen, um den Anspruch auf das billige Bauspardarlehen zu erhalten. Eine Zwischenlösung, um die Zuteilung zu beschleunigen, kann dabei eine Vertragsreduzierung oder die Bildung einer Teilbausparsumme sein.

Endgültigen Aufschluss über den richtigen Weg bringt letztlich immer nur ein konkreter **Kostenvergleich** auf der Grundlage der jeweils aktuellen Marktkonditionen. Hierbei kann Ihnen zum Beispiel ein Baufinanzierungsberater einer Verbraucherzentrale (Adressen Seite 163) helfen.

Baufinanzierungsberatung der Verbraucherzentralen nutzen

Doch es geht nicht allein um die Kosten. Ebenso wenig dürfen
Sie die mit den verschiedenen Handlungsoptionen verbundene
Belastung Ihrer Haushaltskasse vergessen. Insbesondere bei
einer Vorfinanzierung noch nicht ausreichend besparter Verträge
können deutlich höhere Raten als bei einer Kündigung oder Ermäßigung auf Sie zukommen. Das bedeutet zwar nicht, dass die
Vorfinanzierung der schlechteste Weg ist. Sie müssen aber prüfen,
ob die laufenden Folgekosten Ihre finanziellen Möglichkeiten übersteigen.

Sonstige Finanzierungs-formen

Hypothekendarlehen mit Tilgung über Investmentfonds

Wenn die Aktienmärkte eine Zeit lang gut gelaufen sind, tauchen vermehrt sogenannte Investmentfinanzierungen auf. Hierbei wird der Immobilienkredit mit einem Fondssparplan oder einer fonds-gebundenen Lebensversicherung gekoppelt.

Das funktioniert so: Anstatt die Schulden Monat für Monat durch Tilgungszahlungen zu verringern, werden die Beträge in Invest-mentfonds angelegt. Renditerenner sollen dabei vor allem Aktien-fondssparverträge sein. Am Ende der Darlehenslaufzeit soll dann auf einen Schlag der Kredit aus dem Erlös des Wertpapierverkaufs zurückgezahlt werden. Und möglichst soll auch noch etwas für andere Wünsche übrig bleiben. So weit der Idealfall. Doch funktio-nieren kann das wiederum nur, wenn die Anlagerendite dauerhaft höher als der effektive Kreditzins ausfällt. Und zwar nach Steuern, denn im Gegensatz zu Zins- und Dividendenerträgen sind ersparte Zinsaufwendungen bei der selbst genutzten Immobilie immer steu-erfrei.

Genau da liegt der entscheidende Haken: Nur Risikoprodukte bieten die Chance, dauerhaft überdurchschnittliche Renditen zu erzielen. Denn die Zinssätze sicherer festverzinslicher Anlagen lie-gen im Normalfall unter dem Niveau der Hypothekenzinsen. Selbst bei steigenden Anlagezinsen während der Zinsfestschreibung wäre hier der Vorteil nicht von Dauer: Spätestens bei der Anschluss-finanzierung steigt auch der Darlehenszins.

Modell mit hohem Risikofaktor

Geht die Spekulation nicht auf und fällt die Rendite der Fonds-anlage niedriger als der effektive Kreditzins aus, zahlen Sie kräftig drauf. Allerdings kann es noch wesentlich schlimmer kommen: Dezimiert etwa ein Börsencrash das angesparte Tilgungskapital kurz vor der Kreditfälligkeit auf einen Bruchteil, dürfte das in vielen Fällen das Scheitern der Finanzierung bedeuten.

Wenn Sie dennoch ein risikobereites Gemüt haben, sollten Sie zumindest mit gebremstem Risiko einsteigen. Gibt die Haushaltskasse mehr her als Zinsrate plus einprozentiger Anfangstilgung, könnten die zusätzlichen Mittel in einen Aktienfonds fließen. Die Rückzahlung der Schulden ist dann auf jeden Fall durch die laufende Tilgung gesichert. Und wenn sich die Renditehoffnungen für die Fondsanlage erfüllen, winkt die Schuldenfreiheit sogar deutlich früher.

Tipp

Wenn Sie bei der Baufinanzierung auf Nummer sicher gehen wollen, sollten Sie von Finanzierungsmodellen mit Fondstilgung unbedingt die Finger lassen. Denn es geht nur um eins: Spekulation auf Kredit.

Fremdwährungsdarlehen

Die Finanzierung zum absoluten Dumpingpreis versprechen Vermittler von Krediten, die auf fremde Währungen lauten. Auch einige Banken sind mittlerweile in das Geschäft eingestiegen. Der Trick: Das Darlehen wird in der Währung eines Landes aufgenommen, in dem sich die Zinsen im Keller und deutlich unter dem Niveau des deutschen Kapitalmarkts befinden. Nach der Umrechnung fließt der in der Fremdwährung abgeschlossene Kreditbetrag dann in Euro an den Bauherrn. Das Konto wird aber weiter in der Auslandswährung geführt. Dabei wurde bisher vor allem auf den japanischen Yen und Schweizer Franken gesetzt. Denn in den beiden Ländern lagen die Zinsen in den letzten Jahren häufig deutlich niedriger als in Deutschland. Auf den ersten Blick bringt das für Bauherren traumhafte Konditionen mit sich.

Rückzahlungsbetrag durch Währungsschwankungen offen

Bei näherem Hinschauen zeigen sich aber die Tücken des Modells. Anders als beim Euro-Kredit wissen Sie nie genau, welcher Darlehensbetrag letztlich zurückzuzahlen ist. Denn dessen Höhe hängt von der Entwicklung der Vertragswährung ab. Steigt der Wert des Euro gegenüber der Fremdwährung, machen Sie ein gutes Zusatzgeschäft, weil Sie weniger tilgen müssen, als Sie bekommen haben. Verliert der Euro dagegen an Wert, schlägt das Pendel

in die andere Richtung. So bedeuten 10 Prozent Kursanstieg bei
der Fremdwährung gleichzeitig eine Erhöhung des Rückzahlungs-
betrags um 10 Prozent. Und dass der Hebel noch ganz anders
umschlagen kann, zeigt der Blick zurück. So stieg von Mitte 2008
bis Mitte 2013 der Schweizer Franken gegenüber dem Euro um rund
30 Prozent. Da ist der niedrige Vertragszins noch nicht mal mehr
ein schwacher Trost – zumal dieser in der Regel variabel ist und bei
steigendem Zinsniveau jederzeit nach oben gehen kann.

Zwar besteht die Möglichkeit, die Notbremse zu ziehen und auf
einen normalen Festzinskredit in Euro umzusteigen. Allerdings
heißt das, dass Sie während der Laufzeit ständig ein Auge auf die
Zins- und Währungsentwicklung haben und schnell handeln müssen, wenn die Kurse aus dem Ruder laufen. Vermittler bieten zwar
zum Teil an, diese Aufgabe für Sie zu erledigen, scheinen den eigenen Fähigkeiten aber selbst nicht zu trauen: Während von erzielten
Kursgewinnen 15 Prozent kassiert werden sollen, versuchen die
vermeintlichen Dienstleister für den Fall, dass es schief geht, die
Haftung in den Vertragsbedingungen komplett auszuschließen.

Doch damit nicht genug der Risiken: Insbesondere Vermittler von
Währungsdarlehen koppeln diese aus Provisionsgründen zusätzlich gern mit einer Tilgung über fondsgebundene Lebensversicherungen oder Fondssparpläne. Dann kaufen Sie sich zusätzlich noch
das bereits im vorigen Abschnitt beschriebene Risiko von Aktien-
anlagen ein.

Fazit: Die Finanzierung über einen Fremdwährungskredit erweist
sich als reines Glücksspiel. Wer Glück hat, spart viel Geld. Doch
geht die Spekulation schief, kann es Sie das Eigenheim kosten.
Und zum Zocken ist die Immobilienfinanzierung nun einmal denk-
bar ungeeignet.

Selbst für Zocker nicht geeignet

Die staatliche Bauförderung

Fördermittel von Ländern und Kommunen

Vater Staat baut mit

Die günstigste Möglichkeit, zumindest einen Teil der zwischen Baukosten oder Kaufpreis und Ihrem verfügbaren Eigenkapital vorhandenen Lücke zu schließen, besteht darin, sich das Geld vom Staat zu leihen – in diesem Fall vom jeweiligen Bundesland. Die Länder haben es sich nämlich zur Aufgabe gemacht, bestimmte Bevölkerungskreise vor allem bei der Durchführung von Neubauvorhaben bzw. beim Ersterwerb von Häusern und Eigentumswohnungen zu unterstützen. Das geschieht in erster Linie durch Darlehen mit konkurrenzlos günstigen Konditionen, zum Teil sogar aber auch in Form von nicht zurückzuzahlenden Zuschüssen.

Da jedes Bundesland seine eigenen Förderrichtlinien hat, richten sich Art und Umfang der für Sie infrage kommenden öffentlichen Förderung zunächst danach, wo Sie bauen oder ein Objekt kaufen wollen. Schlechte Nachrichten gibt es allerdings für Hauptstadtbewohner: Das Land Berlin hat wegen der leeren Haushaltskassen die Wohnungsbauförderung vorerst komplett eingestellt.

Gesetzliche Grundregeln vom Bund, Geld vom Land

Den allgemeinen gesetzlichen Rahmen der Wohnungsbauförderung bestimmt allerdings der Bund. Grundlage dafür ist das Wohnraumförderungsgesetz (WoFG). Dieses steckt die Rahmenbedingungen ab, innerhalb derer die Bundesländer ihre Programme zur Förderung des selbst genutzten Wohneigentums entwickeln können. Dabei verbleibt den Ländern eine Menge Spielraum, was dazu führt, dass je nach Bundesland Art und Umfang der Unterstützung für die Bauherren sehr unterschiedlich ausfallen.

Eine Darstellung sämtlicher auf Landesebene bestehender Förderprogramme würde den Rahmen dieses Buches sprengen. Deshalb
kann an dieser Stelle lediglich ein allgemeiner Überblick über
die Grundzüge der Förderung vermittelt werden. Dabei liegt der
Schwerpunkt auf dem Neubau oder Ersterwerb selbst genutzter
Wohnungen und Häuser. Denn den öffentlichen Geldgebern geht
es in erster Linie darum, Anreize für die Schaffung neuen Wohn-
raums zu geben. Käufer von Bestandsimmobilien müssen sich
deshalb häufig mit einer deutlich geringeren finanziellen Unterstützung zufriedengeben.

Genauere Informationen zu den jeweiligen Förderprogrammen er-
halten Sie in der Regel bei den Gemeinde- und Kreisverwaltungen
oder direkt bei den die Darlehen verwaltenden Investitionsbanken
und Wohnungsbaukreditanstalten. In Nordrhein-Westfalen kön-
nen Sie sich beispielsweise an die Ämter für Wohnungswesen der
Kreise und Städte wenden. In Sachsen und Brandenburg sind die
Investitionsbank des Landes Brandenburg bzw. die Sächsische
Aufbaubank Ansprechpartner, und baden-württembergische
Bauherren wenden sich wiederum am besten an ihre Stadt- oder
Gemeindeverwaltung oder die Wohnungsbauförderungsstellen der
Landratsämter. Diese Stellen sind meist auch gleichzeitig für die
Annahme und Bewilligung Ihres Antrags zuständig.

Bevor Sie in die speziellen Förderbedingungen Ihres Bundeslandes
einsteigen, gilt es aber, einige generelle Punkte zu beachten:

⤑ Mit Ausnahme für den Fall, dass die Bewilligungsbehörde
einem vorzeitigen Baubeginn oder Kauftermin ausdrücklich zustimmt, erhalten Sie eine staatliche Bauförderung grundsätzlich
nur, wenn vor der Bewilligung des Antrags noch nicht mit dem
Bau begonnen bzw. ein Kaufvertrag unterschrieben worden ist.
Sie sollten sich also frühzeitig über Ihre Förderungsaussichten
informieren und gegebenenfalls einen Antrag stellen, um zum
Zeitpunkt des Baubeginns oder der Vertragsunterzeichnung bereits über den Bewilligungsbescheid zu verfügen.

⤑ Beachten Sie, dass die von den Ländern zur Verfügung gestellten Mittel begrenzt sind. Wenn der Topf leer ist, haben Sie
Pech gehabt und können nur hoffen, im folgenden Jahr zu den

Tipp

Schnelle und umfassende
Informationen über die richtigen Anlaufstellen sowie
die Förderprogramme der
einzelnen Bundesländer
finden Sie im Internet. Unter
www.baufoerderer.de
bieten die Kreditanstalt für
Wiederaufbau (KfW) und
der Verbraucherzentrale
Bundesverband e.V. (vzbv)
einen guten Überblick über
die staatlichen Förder-
möglichkeiten. Mit einem
speziellen Förderrechner
lässt sich zudem prüfen, ob
überhaupt Chancen auf eine
staatliche Unterstützung
bestehen und, wenn ja, mit
welchen Förderbeträgen zu
rechnen ist.

**Baubeginn erst nach
Bewilligung**

**Wer zuletzt kommt, steht
vor leeren Fördertöpfen**

Förderungsempfängern zu gehören. Auch deshalb gilt: Wenden Sie sich frühzeitig an die zuständigen Stellen!

Kein Rechtsanspruch auf Förderung

⋯⋯> Auch wenn Sie sämtliche Förderungsvoraussetzungen erfüllen, haben Sie keinen Rechtsanspruch darauf, dass die staatlichen Finanzierungshilfen gewährt werden. Falls die Verwirklichung Ihres Vorhabens ohne öffentliche Mittel nicht möglich ist, sollten Sie deshalb auf keinen Fall irgendwelche Verpflichtungen Dritten gegenüber eingehen, bevor Sie den Bewilligungsbescheid in Händen halten.

Doch nun zum gesetzlichen Grundgerüst der Förderung: Das Wohnraumförderungsgesetz regelt zum einen allgemein den Zweck und die Zielgruppe der Förderung. Zum anderen legt es generell fest, welche Vorhaben gefördert werden sollen und wie dies erfolgen kann. Dabei geht es um die Regelung der sozialen Wohnraumförderung in ihren verschiedenen Ausprägungen. In § 9 WoFG sind als einheitliche Einkommensgrenzen die folgenden Beträge festgelegt:

Haushaltsgröße	Einkommensgrenze
1-Personen-Haushalt	12.000 €
2-Personen-Haushalt	18.000 €
Für jede weitere zur Familie gehörende Person erhöht sich das zulässige Einkommen jeweils um weitere	4.100 €
bei Kindern sogar um	4.600 €
Bei Familien mit Kindern ergeben sich somit für das Jahreseinkommen die folgenden Höchstgrenzen:	
3-Personen-Haushalt	22.600 €
4-Personen-Haushalt	27.200 €
5-Personen-Haushalt	31.800 €

Das ist nicht allzu viel, wenn man bedenkt, dass das Einkommen auf Dauer ausreichen muss, um eine Immobilie zu finanzieren. Damit die Förderung nicht ins Leere läuft, eröffnet § 9 WoFG den Landesregierungen die Möglichkeit, von den gesetzlichen Grenzen abzuweichen. Das geschieht in der Praxis auch: Viele Bundesländer gewähren Fördermittel auch bei einer Überschreitung der Grenzen von zum Beispiel 30 oder 40 Prozent. Allerdings müssen dann oft Abstriche beim Umfang der Förderung gemacht werden. Reserven ergeben sich zudem dadurch, dass das zu berücksichtigende Einkommen nicht einfach dem Jahresbrutto entspricht. Wie das relevante Einkommen im Detail berechnet wird, regelt der Gesetzgeber in den §§ 20 bis 24 WoFG.

Maßgeblich ist hierbei das in den zwölf Monaten vom Zeitpunkt der Antragstellung an zu erwartende Einkommen. Den Ausgangspunkt, dieses zu ermitteln, bildet das Einkommen der letzten zwölf Monate; mit Sicherheit eintretende zukünftige Veränderungen sind aber zusätzlich zu berücksichtigen.

Das Jahreseinkommen errechnet sich als die Summe der positiven Bruttoeinkünfte aller zum Haushalt gehörenden Familienangehörigen – also auch der Großeltern und Kinder. Hierzu zählen zum Beispiel auch steuerfreie Lohnzuschläge und sämtliche Zins- und Kapitalerträge, ohne dass der Sparerfreibetrag abgezogen werden kann.

Jahreseinkommen aller Familienmitglieder im Haushalt einbeziehen

Das für die Förderung maßgebliche Gesamteinkommen wird dann ermittelt, indem vom Jahresbruttoeinkommen zunächst die Werbungskosten abgezogen werden. Anschließend erfolgt jeweils ein Pauschalabzug von 10 Prozent, wenn Steuern vom Einkommen gezahlt werden und wenn Pflichtbeiträge zur gesetzlichen Kranken- und Pflegeversicherung sowie zur gesetzlichen Rentenversicherung geleistet werden.

Außerdem sieht das Gesetz weitere Freibeträge für im Haushalt lebende Schwerbehinderte, Alleinerziehende und Kinder mit eigenem Einkommen sowie die Abzugsfähigkeit von zu leistenden Unterhaltszahlungen vor. Glücklich können sich junge Ehepaare schätzen, deren Hochzeit noch nicht länger als fünf Jahre zurück-

Freibeträge für bestimmte Personenkreise

liegt und die die »magische Altersgrenze« von 40 Jahren noch nicht erreicht haben. Sie erhalten einen weiteren Freibetrag von 4.000 Euro.

Im Überblick errechnet sich das maßgebliche Einkommen also folgendermaßen:

	Familienbruttoeinkommen (der nächsten zwölf Monate)	
–	Werbungskosten (pro Arbeitnehmer mindestens Pauschbetrag von 920 €)	
–	10 Prozent bei Zahlung von Steuern vom Einkommen	
–	10 Prozent bei Pflichtbeiträgen zur gesetzlichen Kranken- und Pflegeversicherung	
–	10 Prozent bei Pflichtbeiträgen zur gesetzlichen Renten- versicherung	
–	zu leistende Unterhaltszahlungen	
–	Freibeträge für Schwerbehinderte, junge Ehepaare, Alleinerziehende, Kinder mit eigenem Einkommen	
=	maßgebliches Jahreseinkommen	

Dauerhafte finanzielle Belastbarkeit des Bauherrn muss gegeben sein

Selbst wenn die Einkommensgrenzen eingehalten werden, kommt nicht automatisch jeder Bauherr oder Käufer in den Genuss der staatlichen Fördermittel. Denn zu gering darf der Verdienst auch nicht sein. Das Gesetz fordert, dass der Bauherr wirtschaftlich in der Lage sein muss, die Folgebelastungen auf Dauer zu tragen. Die Länder legen fest, welches Einkommen nach Abzug der Finanzierungsbelastung und Betriebskosten der Immobilie für den Lebensunterhalt noch mindestens übrig bleiben muss.

Auch die familiären Verhältnisse spielen bei der Beantragung der Mittel eine Rolle. Als bevorzugte Zielgruppe der Förderung

bestimmt der Gesetzgeber in § 8 WoFG allgemein Haushalte mit
zwei und mehr Kindern sowie Haushalte, in denen ein Mitglied
schwerbehindert ist. Da die Bundesländer auch hier Gestaltungs-
spielräume haben, kann die notwendige Kinderzahl je nach Land
aber durchaus höher oder niedriger ausfallen.

Weggefallen sind mit der Gesetzesreform die im alten Wohnungs-
baugesetz noch vorgegebenen Höchstgrenzen für die Wohn-
fläche. Der Gesetzgeber überlässt es den Ländern, entsprechende
Grenzen festzulegen. Die sollen verhindern, dass mit staatlicher
Unterstützung überzogene Wohnansprüche finanziert werden.
Dem gleichen Zweck dienen die von vielen Ländern festgelegten
Höchstgrenzen für als angemessen zu betrachtende Gesamtkosten
des Wohneigentums.

Geförderte Wohnfläche kann begrenzt sein

Werden alle Voraussetzungen erfüllt, greifen die Bundesländer
ihren Bauherren vor allem mit günstigen Darlehen unter die Arme.
Nicht zurückzuzahlende Zuschüsse sind hingegen rar geworden.
In der höchsten Förderstufe winken nicht selten Kredite von
50.000 Euro und mehr. Häufig wird auch berücksichtigt, in welcher
Region das Objekt liegt. Den hohen Grundstücks- und Baukosten
in Ballungsgebieten wird dabei durch eine höhere Förderung Rechnung getragen. Zusätzlich vermehren lässt sich das billige Baugeld
meist ebenso, wenn durch den Umzug ins Eigenheim eine öffent-
lich geförderte Mietwohnung freigemacht wird.

Kaum noch nicht zurückzuzahlende Zuschüsse

Die gewährten Förderdarlehen sind in der Regel zunächst völlig
zinsfrei oder nur mit einem weit unter dem Marktniveau liegenden
Zins zu bedienen. Anders als in der Vergangenheit prüfen die Länder nun aber zum Teil auch die weitere Einkommensentwicklung
der geförderten Haushalte. Steigen die Einkünfte mit der Zeit über
bestimmte Grenzen, wird der Zinssatz erhöht.

Ein weiterer Schnitt erfolgt in den meisten Förderprogrammen
nach 15 Jahren Darlehenslaufzeit. Der Zins erhöht sich dann meist
deutlich. Diese Mehrbelastung sollte also auf lange Frist unbedingt
einkalkuliert werden. Nur wenn die Einkommensgrenzen des Wohn-
raumförderungsgesetzes nicht wesentlich überschritten werden

Zinssatz steigt oft nach 15 Jahren

oder die erhöhten Zinsbelastungen eine besondere Härte für den
Bauherrn darstellen, sind weitere Zinserleichterungen möglich.

Zurückzuzahlen sind die Förderkredite entweder von Anfang an
oder nach einigen tilgungsfreien Jahren wie ein normales Hypothekendarlehen – beginnend mit einer Tilgung von meist 1 Prozent

**Verwaltungskosten ein-
kalkulieren**

der Darlehenssumme jährlich zuzüglich der ersparten Zinsen. Als
weitere Belastung können einmalig zu zahlende oder jährliche Verwaltungskosten anfallen.

Fördert das jeweilige Bundesland ebenfalls den Erwerb gebrauch-
ter Objekte, den Ausbau und die Erweiterung selbst genutzten
Wohneigentums oder dessen Modernisierung, gibt es regelmäßig
die gleichen oder ähnlich konstruierte Förderdarlehen, allerdings
mit abgespecktem Kreditvolumen.

**Spezielle kommunale
Förderprogramme prüfen**

Zuschüsse oder günstige Darlehen winken oft auch für die Durchführung von Energiesparmaßnahmen. Näheres dazu erfahren Sie
meist auch bei den für die allgemeine Wohnungsbauförderung
zuständigen Stellen. Unter Umständen kann es sich auch lohnen,
einmal bei Ihrer Kommunalverwaltung anzufragen, denn auch die
Kommunen gewähren teilweise Vergünstigungen zur Förderung des
Wohnungsbaus, zum Beispiel Zinszuschüsse.

Förderkredite der KfW

Vergünstigte Darlehenskonditionen bietet im Rahmen spezieller
Förderprogramme auch die Kreditanstalt für Wiederaufbau (KfW)
in Frankfurt am Main (Telefon 0 18 01 / 33 55 77, **www.kfw.de**).

**Förderung von Energiespar-
maßnahmen**

Im Mittelpunkt steht dabei in erster Linie die Förderung von
Energiesparmaßnahmen, allerdings gibt es zinsgünstige KfW-Kredite
auch beispielsweise für den altersgerechten Umbau der Wohnung.
Einige Förderprogramme gibt es überdies als Zuschussvariante.
Nachfolgend finden Sie eine Übersicht über die KfW-Programme.
(Stand Oktober 2013)

Programm 124: Wohneigentum

Wer wird gefördert?	Antragsberechtigt sind private Bauherren und Käufer
Was wird gefördert?	Der Erwerb von selbst genutztem Wohneigentum
Was wird nicht gefördert?	Nachfinanzierung bereits abgeschlossener Kauf- und Bauvorhaben, vermietete Wohnungen
Wie hoch ist die Kreditsumme?	maximal 50.000 Euro
Zinsbindung	5 oder 10 Jahre
Gesamtlaufzeit	10 bis 35 Jahre
Tilgungsfreie Anlaufjahre	3 bis 10 Jahre
Sondertilgungen	nur Gesamtbetrag gegen Vorfälligkeitsentschädigung

Programm 151: Energieeffizient sanieren

Wer wird gefördert?	Eigentümer, die ihren Wohnraum energetisch sanieren sowie Erwerber von energetisch saniertem Wohneigentum
Was wird gefördert?	Die energetische Sanierung, nach der das Haus den Standard des »KfW-Effizienzhauses« erfüllt
Was wird nicht gefördert?	Nachfinanzierung bereits abgeschlossener Kauf- und Bauvorhaben sowie die Sanierung von Gebäuden, bei denen der Bauantrag nach dem 1.1.1995 gestellt worden ist
Wie hoch ist die Kreditsumme?	maximal 75.000 Euro pro Wohneinheit, alternativ dazu können unter bestimmten Voraussetzungen Tilgungszuschüsse sowie Zuschüsse für die Sanierungsbegleitung durch einen Sachverständigen beantragt werden
Zinsbindung	10 Jahre
Gesamtlaufzeit	10 bis 30 Jahre
Tilgungsfreie Anlaufjahre	2 bis 10
Sondertilgungen	Ohne Vorfälligkeitsentschädigung möglich
Sonstiges:	Je nach Energieverbrauch des Gebäudes werden bis zu 12,5 % der Tilgung erlassen. Bei Einzelmaßnahmen kann das Programm 152 »Energieeffizient sanieren – Einzelmaßnahmen« infrage kommen.

Programm 153: Energieeffizient bauen

Wer wird gefördert?	Frsterwerber oder Bauherren eines KfW-Effizienzhauses
Was wird gefördert?	Neubau oder Kauf, soweit das Haus die Kriterien des KfW-Effizienzhauses erfüllt
Was wird nicht gefördert?	Umschuldungen und Nachfinanzierungen
Wie hoch ist die Kreditsumme?	maximal 50.000 Euro pro Wohneinheit
Zinsbindung	10 Jahre
Gesamtlaufzeit	10 bis 30 Jahre
Tilgungsfreie Anlaufjahre	2 bis 10 Jahre
Sondertilgungen	Ohne Vorfälligkeitsentschädigung möglich
Sonstiges:	Je nach Energieverbrauch des Gebäudes werden bis zu 10 % der Tilgung erlassen

Programm 159: Altersgerecht umbauen

Wer wird gefördert?	Eigentümer, die Wohnraum altersgerecht umbauen wollen, sowie Erwerber von altersgerecht umgebautem Wohneigentum
Was wird gefördert?	Barrierereduzierungen wie z. B. Installation von Rampen, Umgestaltung von Treppenanlagen, Einbau von Treppenliften, Verbreiterung von Türen, behindertengerechte Umrüstung der Sanitäreinrichtungen
Was wird nicht gefördert?	Nachfinanzierungen und bereits abgeschlossene Maßnahmen
Wie hoch ist die Kreditsumme?	maximal 50.000 Euro
Zinsbindung	5 oder 10 Jahre
Gesamtlaufzeit	10 bis 30 Jahre
Tilgungsfreie Anlaufjahre	2 bis 10 Jahre
Sondertilgungen	nur Gesamtbetrag gegen Vorfälligkeitsentschädigung

Programm 167: Energieeffizient sanieren – Ergänzungskredit

Wer wird gefördert?	Eigentümer, die ihre Heizungsanlage auf erneuerbare Energien umstellen, sowie Käufer von entsprechend modernisierten Wohnimmobilien
Was wird gefördert?	Einbau einer neuen Heizungsanlage auf Basis erneuerbarer Energien wie z. B. Solarthermie, Biomasse oder Wärmepumpe
Was wird nicht gefördert?	Umschuldungen und Nachfinanzierung bereits abgeschlossener Maßnahmen
Wie hoch ist die Kreditsumme?	maximal 50.000 Euro pro Wohneinheit
Zinsbindung	10 Jahre
Gesamtlaufzeit	4 bis 10 Jahre
Tilgungsfreie Anlaufjahre	1 bis 2 Jahre
Sondertilgungen	nur Gesamtbetrag gegen Vorfälligkeitsentschädigung

Programm 274: Erneuerbare Energien – Standard –Photovoltaik

Wer wird gefördert?	Alle, die in eine Photovoltaikanlage investieren
Was wird gefördert?	Installation einer neuen Photovoltaikanlage sowie Ausbau bestehender Anlagen
Was wird nicht gefördert?	Inselanlagen ohne Anbindung an das öffentliche Stromnetz, Umschuldungen und Nachfinanzierungen
Wie hoch ist die Kreditsumme?	maximal 25 Mio. Euro (Fördermittel werden auch für Großprojekte bereitgestellt)
Zinsbindung	5 bis 20 Jahre
Gesamtlaufzeit	5 bis 20 Jahre
Tilgungsfreie Anlaufjahre	1 bis 3 Jahre
Sondertilgungen	Teilbeträge oder Gesamtbetrag gegen Vorfälligkeitsentschädigung
Sonstiges:	Risikoabhängige Verzinsung

Programm 275: Erneuerbare Energien – Speicher

Wer wird gefördert?	Alle, die eine neue oder bestehende Photovoltaikanlage mit Batteriespeicher aus- oder nachrüsten
Was wird gefördert?	Aus- oder Nachrüstung einer Photovoltaikanlage mit Batteriespeicher
Was wird nicht gefördert?	Nachrüstung von Anlagen, die vor dem 1.1.2013 installiert worden sind sowie Umschuldungen und Nachfinanzierungen
Wie hoch ist die Kreditsumme?	30 Prozent der förderfähigen Kosten
Zinsbindung	5 bis 20 Jahre
Gesamtlaufzeit	5 bis 20 Jahre
Tilgungsfreie Anlaufjahre	1 bis 3 Jahre
Sondertilgungen	Teilbeträge oder Gesamtbetrag gegen Vorfälligkeitsentschädigung
Sonstiges:	Risikoabhängige Verzinsung

Wohn-Riester

Seit Einführung der Riester-Rente im Jahr 2002 (so nennt man die steuer- und zulagengeförderte private Altersvorsorge nach dem damals amtierenden Arbeits- und Sozialminister Walter Riester) wurde um die Einbeziehung des Wohneigentums in den Katalog der geförderten Anlageformen gerungen. Mitte 2008 war es dann so weit: Auch Häuslebauer und Immobilienkäufer können seit dem Inkrafttreten des sogenannten Eigenheimrentengesetzes von der Förderung profitieren, ohne unbedingt einen zusätzlichen Bank- oder Fondssparvertrag oder eine Rentenversicherung besparen zu müssen.

Seit 2008 auch Wohneigentum bei den Riester-geförderten Anlageformen

Zuschüsse vom Staat gibt es heute im Rahmen des sogenannten Wohn-Riester auch für das Besparen und die Rückzahlung von Bausparverträgen, die Tilgung von Baudarlehen und die Einzahlungen in sogenannte Kombikredite, eine Mischung aus Bausparvertrag und Zwischenfinanzierungskredit. Darüber hinaus kann seit dem 1.1.2014 Kapital aus Riester-Sparverträgen entnommen werden, um herkömmliche Darlehen zu tilgen, die für die Finanzierung des selbstgenutzten Wohneigentums eingesetzt werden. Voraussetzung ist, dass mindestens 3.000 Euro dafür eingesetzt werden. Bei Teilentnahmen müssen mindestens 3.000 Euro gefördertes Altersvorsorgevermögen im Vertrag verbleiben.

Ebenfalls neu ist, dass Wohn-Riestern nicht nur für den Erwerb und die Entschuldung einer selbstgenutzten Wohnimmobilie möglich ist, sondern auch für die Finanzierung des alters- oder behindertengerechten Umbaus im Rahmen der Selbstnutzung einer Wohnimmobilie. Dafür gelten unterschiedliche Regelungen und Entnahmehöhen, die vom Zeitpunkt nach Anschaffung oder Herstellung der Wohnimmobilie abhängen: Mindestens 6.000 Euro, wenn der Umbau innerhalb eines Zeitraums von 3 Jahren nach Anschaffung und Herstellung der Wohnung für den Umbau verwendet wird. Mindestens 20.000 Euro, wenn das dafür entnommene Kapital mindestens zu 50 Prozent auf Maßnahmen entfällt, die den Vorgaben der DIN 18040 Teil 2, Ausgabe 2011 entsprechen und der verbleibende Teil der Kosten der Reduzierung von Barrieren in oder an der Wohnung dient. Die zweckgerechte Verwendung ist durch einen anerkannten Sachverständigen zu bestätigen. Der Zulageberechtigte oder ein Mitnutzer dürfen ferner für die Umbaukosten weder eine Förderung durch Zuschüsse noch durch Steuerermäßigungen nach § 35 A EStG beantragen oder beantragt haben. Wichtig zu wissen: Wenn Sie die Riester-Vorteile in Anspruch nehmen, können Sie nicht gleichzeitig einen zinsvergünstigten KfW-Kredit beantragen.

Wohn-Riester ist komplex und bau- oder kaufwilligen Verbrauchern stellen sich viele Fragen. Deshalb haben wir die folgenden Abschnitte auch so gegliedert: als Fragen mit den entsprechenden Antworten. Sie zeigen Ihnen, wer unter welchen Voraussetzungen in welcher Höhe von der Förderung profitieren kann, wie das Wohn-Riestern konkret funktioniert und ob es sich überhaupt für Sie lohnt.

Die Rahmenbedingungen der Riester-Förderung

Wer bekommt die Riester-Förderung?

Anspruch auf die staatlichen Zuschüsse haben – egal ob ein klassischer Riester-Vertrag oder ein Wohn-Riester-Vertrag bedient wird – alle Pflichtmitglieder der gesetzlichen Rentenversicherung, also vor allem normale Arbeitnehmer oder pflichtversicherte Landwirte, aber auch Arbeitslose und Wehr- und Zivildienstleistende, in der Künstlersozialkasse (KSK) Versicherte, Eltern in Elternzeit sowie geringfügig Beschäftigte, die freiwillig Sozialversicherungsbeiträge leisten. Ebenso können Beamte und Angestellte im öffentlichen Dienst die Förderung beantragen.

Nicht förderberechtigt sind dagegen Selbstständige, ebenso wenig
Ärzte, Rechtsanwälte sowie Architekten und Angehörige anderer
Berufe, die ihre Altersvorsorgebeiträge in eine berufsständische
Versorgungseinrichtung einzahlen. Den Seiteneinstieg können
Nichtgeförderte allerdings über ihren Ehepartner schaffen, wenn
dieser förderberechtigt ist. Zahlt der Ehepartner die notwendigen
Eigenbeiträge in seinen Vertrag ein, erhält der eigentlich nicht zum
Kreis der Förderberechtigten zählende Ehepartner ebenfalls zumin-
dest eine Grundzulage. Und das auch ohne eigene Einzahlungen.
Voraussetzung: Es muss ein eigener Riester-Vertrag bestehen.

Wie hoch ist die Förderung?

Seit der Einführung der Riester-Rente wurde der Umfang der staatlichen Zuschüsse in Zweijahresschritten hochgefahren. Die vorläu-
fige Höchststufe wurde im Jahr 2008 erreicht. Danach bekommen
Förderberechtigte pro Jahr maximal eine Grundzulage von 154 Euro.
Je kindergeldberechtigtem Kind winken außerdem zusätzlich
185 Euro bzw. bei ab 2008 geborenen Kindern sogar 300 Euro. Die
volle Förderung gibt es allerdings nur, wenn in den Riester-Vertrag
jährlich mindestens ein Gesamtbetrag von 4 Prozent des Vorjahresbruttoeinkommens fließt. Dabei werden die Zulagen allerdings
angerechnet. Wer nicht das nötige Kleingeld hat, um die vollen Einzahlungen zu leisten, sollte die Flinte nicht gleich ins Korn werfen.
Wird nämlich weniger eingezahlt, fallen die Zulagen nicht komplett
weg, sondern der Fiskus kürzt sie einfach entsprechend. Die För-
derquote bleibt im Verhältnis zum eigenen Kapitaleinsatz deshalb
gleich, auch wenn das Anspargguthaben natürlich geringer ausfällt.
All diese Bedingungen gelten auch für das Wohn-Riestern.

Nicht nur Geringverdiener oder Familien mit vielen Kindern profi-
tieren von der Förderung. Auch Besserverdienende mit hoher Steuer-
belastung sollten über den Abschluss eines Riester- oder Wohn-
Riester-Vertrags nachdenken. Denn neben den Zulagen winken satte
Steuerersparnisse. Das Stichwort lautet hier: Günstigerprüfung.
Bei der Steuererklärung prüft das Finanzamt nämlich automatisch,
welche steuerliche Entlastung es bringt, wenn die gezahlten Riester-
Beiträge vom steuerpflichtigen Einkommen abgesetzt werden.

Fällt die Steuerersparnis höher als die Zulagen aus, gibt es mit der Einkommensteuererklärung eine Gutschrift über die Differenz. Liegt bei einem Single etwa die Steuerersparnis bei 400 Euro, beträgt die zusätzliche Steuergutschrift 246 Euro (400 Euro – 154 Euro Grundzulage). Voraussetzung: Mit der Steuererklärung muss die Beitragsbescheinigung des Unternehmens vorgelegt werden, bei dem der Riester-Vertrag geführt wird. Um die Belastungen für den Staatssäckel im Rahmen zu halten, hat der Gesetzgeber die begünstigten Förderbeträge allerdings gedeckelt: Mehr als 2.100 Euro pro Jahr und unmittelbar Förderberechtigtem werden nicht als förderfähig anerkannt. Das gilt auch für Wohn-Riester-Verträge.

Welche Voraussetzungen müssen beim Wohn-Riestern erfüllt werden?

Reicht es bei normalen Riester-Verträgen, als Fördervoraussetzung einen durch die Finanzaufsicht zertifizierten Spar- oder Versicherungsvertrag abzuschließen, ist die Sache beim Wohn-Riestern etwas komplizierter. Zwar braucht der Vertrag auch hier den staatlichen Segen, aber die Förderung ist an weitere Voraussetzungen geknüpft. So gibt es die Zulagen nur für selbst genutzte Immobilien. Vermieter gehen also leer aus. Wird eine geförderte Immobilie später verkauft oder vermietet, müssen die geförderten Beträge nachversteuert werden – es sei denn, sie fließen binnen eines Jahres wieder in einen anderen Riester-Vertrag oder innerhalb von fünf Jahren in den Kaufpreis oder die Baukosten einer anderen selbst genutzten Immobilie. Auch die Verwendung des Verkaufserlöses für den Kauf eines lebenslangen Wohnrechts in einem Senioren- oder Pflegeheim wird als förderunschädlich akzeptiert. Zudem hält sich der Fiskus auch dann zurück, wenn das Haus oder die Wohnung vorübergehend und befristet vermietet wird, weil der Eigentümer aus beruflichen Gründen gezwungen ist, umzuziehen. Spätestens bis zum 67. Lebensjahr muss er dann aber wieder selbst einziehen.

Förderung nur für selbst genutzte Immobilien

Beispiel

Ein Ehepaar mit zwei vor 2008 geborenen Kindern kann jährlich insgesamt 678 Euro an Zulagen kassieren. Beträgt das Familieneinkommen zum Beispiel 40.000 Euro, müssen dafür insgesamt 1.600 Euro pro Jahr in die beiden Riester-Verträge der Ehepartner eingezahlt werden. Nach Abzug der Zulagen sind als Eigenbeitrag somit nur noch 922 Euro zu überweisen. Würde nur die Hälfte eingezahlt, fiele die Förderung nicht komplett weg, sondern es würden sich auch die Zulagen halbieren.

Der Ablauf in der Praxis

Wie funktioniert das Wohn-Riestern?

In den Genuss von Zulagen und Steuervorteilen kommen auch
Immobilieneigentümer nur auf besonderen Antrag. Der muss auch
beim Wohn-Riestern beim jeweiligen Vertragspartner gestellt werden, also bei der Bank oder Bausparkasse. Dank des sogenannten
Dauerzulagenantrags geht das mittlerweile recht unkompliziert.
Nach einem erstmaligen Antrag wickelt das Institut die Anforde-
rung der Zulagen in den Folgejahren automatisch ab. Nur Veränderungen der Familienverhältnisse, die Einfluss auf die Zulage haben,
zum Beispiel Geburt eines Kindes oder Scheidung, muss der Kunde
dem Institut mitteilen.

*Geringerer Aufwand durch
Dauerzulagenantrag*

Vertragsinhaber müssen sich allerdings selbst darum kümmern,
dass der Wohn-Riester-Vertrag optimal bespart wird. Deshalb sollte
immer am Jahresanfang der förderoptimale Einzahlungsbetrag in
Höhe von 4 Prozent des Vorjahresbruttoeinkommens ermittelt und
die staatlichen Zulagen davon abgezogen werden. Der Restbetrag
muss dann aus der eigenen Tasche in den Vertrag fließen. Wer
gut verdient und zusätzliche Steuervorteile bekommt, kann aber
auch jeweils den Höchstbetrag von 2.100 Euro inklusive Zulagen
einzahlen. Dabei müssen Ehepaare eine Besonderheit beachten:
Für beide Partner muss ein eigener Vertrag abgeschlossen werden.
Sind beide berufstätig, wird die 4-Prozent-Grenze für jeden Verdie-
ner gesondert angesetzt. Kinderzulagen fließen dabei grundsätzlich auf das Konto der Mutter. Nur auf gemeinsam gestellten Antrag
hin erhält sie der Vater. Bei Geschiedenen wird die Zulage an den-
jenigen Elternteil gezahlt, der auch das Kindergeld kassiert.

*So gehen Ehepartner mit
zwei Verträgen vor*

Ist bei einem Ehepaar nur ein Partner berufstätig, muss trotzdem
ein zweiter Ehepartner-Vertrag abgeschlossen werden, auf den
dann unter Umständen nur die staatlichen Zulagen und keine ei-

genen Gelder fließen. Als Basis für den insgesamt notwendigen Eigenbeitrag wird dann das Familien-Bruttoeinkommen herangezogen.

Die Notwendigkeit, zwei Partnerverträge abzuschließen, macht auch das Wohn-Riestern kompliziert. Vor allem wenn die Einzahlungen zur Schuldentilgung beitragen sollen. Dann muss nämlich für jeden Ehepartner ein eigenes Riester-Tilgungsdarlehen abgeschlossen werden. Um bei Vertragsabschluss keine Fehler mit langfristigen Folgen zu machen, sollten Riester-Bauherren sich deshalb vor der Auswahl und dem Abschluss eines Vertrags intensiv mit den Rahmenbedingungen der Förderung beschäftigen – oder sich neutral beraten lassen, etwa bei einer Verbraucherzentrale (Adressen ⇢ Seite 163).

Rechtzeitige anbieterunabhängige Beratung schützt vor Fehlern bei Vertragsabschluss

Die Förderung in der Ansparphase ist aber auch beim Wohn-Riester wieder nur die eine Seite der Medaille. Nach dem seit einigen Jahren für die gesamte geförderte Altersvorsorge geltenden Prinzip der nachgelagerten Besteuerung kassiert der Fiskus im Rentenalter als Ausgleich Steuern auf die Renten, die aus den geförderten Riester-Verträgen fließen. Doch was tun, wenn gar kein Geld fließt, sondern der Vorteil des Sparers darin besteht, dass bestimmte Ausgaben wegfallen? Wie etwa bei Besitzern von Eigenheimen die monatliche Mietzahlung. Denn im mietfreien Wohnen besteht letztlich das zentrale Vorsorgeziel der meisten Bauherren und Immobilienkäufer. Um geförderte Wohneigentümer genauso zu behandeln wie Sparer, die in herkömmlichen Riester-Verträgen Altersvermögen bilden und ihre Renten später versteuern müssen, hat sich der Gesetzgeber eine Umwegkonstruktion ausgedacht: das sogenannte Wohnförderkonto.

Nachgelagerte Besteuerung auch bei Wohn-Riester-Verträgen

Das Wohnförderkonto muss während der Laufzeit von Wohn-Riester-Verträgen von der jeweiligen Bank oder Bausparkasse geführt werden. Darauf werden alle geförderten Eigenbeiträge, die erhaltenen staatlichen Zulagen und auch die eventuell aus anderen Riester-Verträgen für den Immobilienerwerb entnommenen Beträge verbucht. Um auch den Vorteil der zum Beispiel durch geförderte Tilgungsleistungen ersparten Kreditzinsen zu erfassen, werden

Wohnförderkonto liefert Berechnungsgrundlage für die Besteuerung

Auf dem Wohnförderkonto hat sich inklusive Zinsen ein Betrag von 40.000 Euro angesammelt und der Immobilieneigentümer geht mit dem 65. Geburtstag in Rente. Dann wird der Kontostand durch die Anzahl der bis zum 85. Geburtstag vergehenden 20 Jahre geteilt. Der sich ergebende Teilbetrag von 2.000 Euro muss anschließend jährlich versteuert werden. Bei einem Steuersatz von 25 Prozent wären zum Beispiel jährlich 500 Euro an das Finanzamt zu zahlen, in 20 Jahren insgesamt 10.000 Euro.

zusätzlich pro Jahr fiktive Zinsen in Höhe von 2 Prozent pauschal auf den Kontostand aufgeschlagen. Bei Rentenbeginn kann von diesem »Schattenkonto« dann natürlich kein Geld abgerufen werden. Der Kontostand des Wohnförderkontos liefert vielmehr die Berechnungsbasis für die im Rahmen der nachgelagerten Besteuerung zu ermittelnde Steuerlast des Immobilieneigners. Und das geschieht folgendermaßen: Der auf dem Wohnförderkonto aufgelaufene Betrag wird durch die Anzahl der vom Renteneintrittsalter bis zum 85. Geburtstag vergehenden Jahre geteilt. Der sich ergebende Teilbetrag muss dann jährlich versteuert werden.

Vor- und Nachteile vor Begleichen der Steuerlast bei Rentenbeginn sorgfältig abwägen

Um die Sache sofort vom Hals zu bekommen, kann die Steuerlast alternativ aber auch bei Rentenbeginn auf einen Schlag beglichen werden. Dann gibt es sogar einen Rabatt von 30 Prozent auf den Stand des Wohnförderkontos. In unserem Beispiel wäre dann im ersten Jahr ein Betrag von 28.000 Euro (70 Prozent von 40.000 Euro) zu versteuern. Bei 25 Prozent Steuersatz würde die Steuerbelastung 7.000 Euro betragen. Allerdings dürfte der Steuersatz bei der Abschlagsregelung deutlich steigen, da der Fiskus so tut, als wären in diesem Jahr 28.000 Euro zusätzlich verdient worden. Bei einem Steuersatz von 30 Prozent läge die einmalige Steuerlast schon bei 8.400 Euro. Rückwirkend gestrichen wird die Rabattregelung zudem, wenn die Immobilie in einem Zeitraum von 20 Jahren förderschädlich verkauft oder vermietet wird. Dann ist der Rabattbetrag nachzuversteuern.

Angebote von Banken und Bausparkassen

Welche Produkte gibt es?

Eine staatliche Förderung gibt es auch beim Wohn-Riester nur, wenn die Einzahlungen in bestimmte zertifizierte Verträge fließen. Als förderwürdig hat der Gesetzgeber drei grundlegende Vertragsarten definiert:

→ Riester-Bausparverträge,
→ Riester-Tilgungsdarlehen und
→ Riester-Kombikredite.

Trotz des gemeinsamen rechtlichen Rahmens weist jede Vertragsart ihre Besonderheiten auf. Außerdem richten sie sich an Sparer oder Immobilienerwerber, die sich in unterschiedlichen Ausgangssituationen befinden. Vor der Entscheidung für ein bestimmtes Produkt sollten Sie daher immer erst prüfen, welche Form des Wohn-Riesterns überhaupt zu Ihren persönlichen Plänen passt. Im Folgenden finden Sie die speziellen Merkmale und Besonderheiten der verschiedenen Vertragsarten.

Angebote für unterschiedliche Ausgangssituationen

Riester-Bausparvertrag

Wie ein Bausparvertrag funktioniert, wurde schon ausführlich im Kapitel »Die Bausparfinanzierung« → Seite 71) beschrieben. Viel anders läuft es beim Wohn-Riester-Bausparvertrag auch nicht. Zunächst spart der Sparer mit Eigenbeiträgen und Zulagen den Bausparvertrag bis zur Zuteilung der Vertragssumme an, dann wird das Bauspardarlehen mit den laufenden Einzahlungen aus eigener Tasche und vom Staat getilgt. Die meisten Bausparkassen haben bei ihren Riester-Produkten daher auch in die Schublade gegriffen und bestehende Tarife nur leicht modifiziert. Zum Beispiel – um die gesetzlichen Vorgaben einzuhalten – die Belastung mit Abschlussgebühren auf fünf Jahre verteilt, anstatt das Bausparkonto sofort in voller Höhe zu belasten.

Voraussetzung: viel Zeit

Geeignet sind Riester-Bausparverträge nur für Sparer, die erst in einigen Jahren den Bau oder Kauf einer Immobilie planen. Denn an das zinsgünstige Bauspardarlehen kommt nur heran, wer zuvor den Vertrag über Jahre angespart hat, meist bis zu einer Höhe von 40 oder 50 Prozent der Vertragssumme. Da die Kreditkonditionen schon bei Vertragsabschluss feststehen, geht der Sparer mit der Vertragsunterzeichnung eine Art Zinssicherungsgeschäft ein. Diese Sicherheit will natürlich bezahlt werden. Und zwar nicht nur mit der Abschlussgebühr von meist 1 Prozent, sondern vor allem durch den in der Ansparphase zu leistenden Zinsverzicht. Denn die meisten Verträge bieten nur magere Guthabenzinsen von 0,5 bis 1,5 Prozent pro Jahr.

Zerschlagen sich im Nachhinein die Eigenheimpläne, bleibt daher nach Abzug der Abschlusskosten oft kaum ein Zinsertrag übrig und der Sparer fährt mit dem Riester-Bausparvertrag deutlich schlechter als zum Beispiel mit einem herkömmlichen Riester-Banksparvertrag. Platzt der ursprüngliche Immobilientraum, sollte deshalb umgehend der Bausparvertrag gekündigt und, um die erhaltene Förderung zu sichern, das Bausparguthaben in einen anderen Riester-Vertrag eingezahlt werden.

Wenn Immobilienpläne aufgegeben werden, ist Vertragswechsel sinnvoll

Sind Ihre Immobilienpläne noch sehr vage, sollten Sie daher eher die Finger von einem Riester-Bausparvertrag lassen, denn er könnte sich später als echter Renditekiller erweisen. Kommt es dann doch noch zum Eigentumserwerb, kann ein Wohn-Riester-Vertrag immer noch bei Finanzierungsbeginn eingebaut werden, zum Beispiel in Form eines Riester-Tilgungsdarlehens.

Riester-Tilgungsdarlehen

Zertifiziertes Hypotheken-darlehen als Voraussetzung

Auch mit einem normalen Hypothekendarlehen lässt sich die staatliche Förderung nutzen. Voraussetzung ist lediglich, dass es sich um eine staatlich zertifizierte Kreditvariante handelt und die Schulden bis spätestens zum 68. Geburtstag komplett getilgt sind. Die Förderung gibt es dann auf Tilgungsbeiträge von bis zu 2.100 Euro pro Jahr, wobei wiederum die auf dem Darlehenskonto gutgeschrie-

benen Zulagen mit angerechnet werden. Zinszahlungen werden
dagegen nicht bezuschusst.

Ideal ist diese Form des Wohn-Riesterns für Bauherren und Käufer,
die vor dem Abschluss der Erstfinanzierung stehen. Nur dann kann
ein gefördertes Riester-Tilgungsdarlehen auch abgeschlossen werden. Nutzen kann ein solches Darlehen allerdings auch, wer später
bei einer ab 2008 angeschafften Immobilie die Anschlussfinanzierung neu gestalten oder eine Umschuldung vornehmen will.

Passt das Timing, gibt es kaum eine lukrativere Form des Ries-
terns. Denn als garantierte Rendite für die geleisteten Beiträge
winkt der ersparte Effektivzins des Baudarlehens. Eine höhere
sichere Rendite bringt kein anderes Riester-Produkt. Allerdings   **Hohe Rendite durch Zins-**
bieten bisher nur wenige Baufinanzierer entsprechende Riester-   **ersparnis**
Darlehen an. Da hilft nur, bei den für die Finanzierung in die engere
Wahl einbezogenen Kreditinstituten direkt nachzufragen oder sich
bei einer Verbraucherzentrale (Adressen ⟶ Seite 163) beraten
zu lassen. Dort können Sie sich gleich ein Konzept für die gesamte
Finanzierung aufstellen und gleichzeitig prüfen lassen, ob angebotene Riester-Darlehen auch marktgerechte Konditionen bieten.
Wird für den geförderten Kredit nämlich ein satter Zinsaufschlag
gegenüber normalen Darlehen fällig, kann es unter dem Strich
günstiger sein, Riester-Sparen und Finanzierung zu trennen. Bewegen sich die Konditionen aber etwa auf dem gleichen Niveau wie
andere günstige Marktangebote, sollte die Riester-Hypothek auf
jeden Fall in die Finanzierung eingebaut werden.

Riester-Kombikredite
Neben dem klassischen Bausparvertrag sind viele Bausparkassen   **Bausparvariante für kurz-**
mit einer anderen Finanzierungsvariante auf dem Wohn-Riester-   **fristigen Kapitalbedarf**
Markt aktiv. Ihr Ziel ist dabei, auch die Sparer zu bedienen, die
eine Immobilie sofort bauen oder kaufen wollen – und nicht erst
nach dem Ansparen eines Bausparvertrags.

Hier sieht nun die Konstruktion der Kombikredite vor, dass zwar
ein Bausparvertrag neu abgeschlossen und langfristig bespart
wird, gleichzeitig aber die Vorfinanzierung der Vertragssumme bis
zur Vertragszuteilung durch einen tilgungsfreien Zwischenkredit

erfolgt. So kommt der Kunde sofort an das benötigte Geld. Als monatliche Rate sind in den ersten Jahren die Zinsen des Zwischen-kredits und der Sparbeitrag für den Bausparvertrag zu zahlen. Bei Zuteilung des Bausparvertrags wird dann der Zwischenkredit mit dem Bausparguthaben und -darlehen auf einen Schlag zurückge-zahlt. Anschließend wird bis zur vollständigen Tilgung der Zins- und Tilgungsbeitrag für das Bauspardarlehen geleistet.

Kombikredite können teuer werden

Diese Konstruktion ist in der Vergangenheit für viele Bauherren zur Kostenfalle geworden. Denn was auf den ersten Blick oft sehr günstig aussieht, kann unterm Strich wesentlich teurer werden als eine normale Bank-Hypothekenfinanzierung. Die Effektivzinssätze von Zwischenkredit und Bauspardarlehen allein lassen keine ver-lässlichen Rückschlüsse auf den tatsächlichen Finanzierungspreis zu, weil sie einen wesentlichen Kostenfaktor nicht erfassen: näm-lich den zusätzlichen Zinsaufwand, der dadurch entsteht, dass in der gesamten Phase der Zwischenfinanzierung hohe Kreditzinsen auf die volle Vertragssumme anfallen, während gleichzeitig das Bausparguthaben zu einem Minizins auf dem Bausparvertrag angesammelt wird. Würde das Geld dagegen direkt zur Schulden-tilgung verwendet, brächte jede Tilgungsrate als Rendite eine Zins-ersparnis in Höhe des Darlehenszinssatzes.

Transparenz durch Effektiv-zins für Gesamtfinanzierung

Glücklicherweise hat der Gesetzgeber aber diese Tücken der Kombikredite bei der Entwicklung des Wohn-Riesters erkannt und die Anbieter verpflichtet, einen einheitlichen Effektivzins für die Gesamtfinanzierung zu ermitteln, der auch diese Negativeffekte erfasst. Dieser Effektivzins erlaubt es Ihnen nun, die Angebote der Bausparkassen den Konditionen von Riester-Tilgungsdarlehen mit vergleichbarer Laufzeit direkt gegenüberzustellen und so die kostengünstigste geförderte Finanzierungslösung zu finden.

Können die in bestehenden Riester-Verträgen angesparten Gelder als Eigenkapital genutzt werden?

Wer bereits in der Vergangenheit einen Riester-Vertrag bei einer Bank, Versicherung oder Fondsgesellschaft bespart hat, kann diesen grundsätzlich auch mit in eine neue Immobilienfinanzierung einbringen.

Grundsätzlich sollte für angehende Bauherren und Käufer die Maxime gelten: Riester-Vermögen zur Stärkung des Eigenkapitals nutzen! Denn das verringert den Kreditbedarf und wirft eine gute Rendite in Form ersparter Kreditzinsen ab. Wer trotzdem noch etwas auf dem alten Vertrag stehen lassen will, kann das problemlos tun, denn es sind auch Teilentnahmen von bis zu 75 Prozent des angesparten Vermögens möglich.

Höheres Eigenkapital verringert Kreditbedarf und spart Kreditzinsen

Bei bereits laufenden Finanzierungen kann Guthaben aus Riester-Verträgen zur Sondertilgung verwendet werden. Egal, wann das Geld entnommen wird, gilt allerdings: Der Entnahmebetrag wird sofort in das Wohnförderkonto eingebucht und muss später versteuert werden.

Was passiert, wenn der Eigentümer stirbt?

Stirbt der Eigentümer einer Riester-geförderten Immobilie, hängen die Folgen einerseits von seinem Familienstand ab und andererseits von der Art des abgeschlossenen Wohn-Riester-Vertrags.

Gibt es einen überlebenden Ehepartner, muss die Immobilie nur innerhalb eines Jahres in dessen Eigentum übergehen, um eine Fehlverwendung zu vermeiden. Allerdings geht dann ebenso das Wohnförderkonto auf den neuen Eigentümer über und dieser muss später dann auch die Steuern auf den Kontostand zahlen.

Mit der Immobilie geht das Wohnförderkonto auf den Ehepartner über

Im Übrigen gelten für den Erben die gleichen Regeln wie für den verstorbenen Ehepartner: Wird die geförderte Immobilie verkauft und der Erlös nicht wieder in eine neue selbst genutzte Immobilie oder in ein Wohnrecht in einem Pflege- oder Seniorenheim investiert, gilt das als eine förderschädliche Fehlverwendung der erhaltenen Fördermittel. Das bestehende Wohnförderkonto muss in dieser Situation aufgelöst und der Kontostand im gleichen Jahr voll versteuert werden.

Regelungen für Riester-Bausparverträge im Todesfall

Befindet sich ein Riester-Bausparvertrag zum Todeszeitpunkt noch in der Ansparphase, dann existiert noch kein Wohnförderkonto und es läuft wie bei normalen Riester-Verträgen: Wird der Vertrag auf den Ehepartner übertragen, geht alles normal weiter. Wird der Vertrag dagegen aufgelöst und das Guthaben nicht in einen anderen Riester-Vertrag eingezahlt, ist das förderschädlich, mit der Folge, dass die erhaltenen Zulagen und Steuervorteile zurückgezahlt werden müssen.

Die beschriebenen Folgen der Fehlverwendung treten auch immer dann ein, wenn kein Ehepartner existiert und zum Beispiel Kinder die Immobilie oder einen Ansparvertrag erben.

Lohnt sich Wohn-Riestern und worauf müssen Bauherren und Käufer besonders achten?

Wie beim normalen Riestern gilt auch für das Wohn-Riestern: Es lohnt sich für die meisten Sparer, aber es ist kompliziert. Das beginnt schon bei der Wahl des richtigen Vertrags und dessen optimaler Gestaltung. Vor allem Ehepaare müssen dabei genau hinschauen, denn hier sind gleich zwei Verträge abzuschließen. Am einfachsten geht das mit einem Riester-Bausparvertrag, bei dem die Vertragssumme jeweils auf die Höhe der Einzahlungen und die geplante Laufzeit bis zum Immobilienerwerb abgestimmt werden sollte. Sinnvoll ist diese Form des Wohn-Riesterns meist aber nur, wenn die Eigenheimpläne sehr konkret sind und langfristig mit deutlich steigenden Baugeldzinsen gerechnet wird.

Sonst aber wird den besten Ertrag fast immer die direkte Investi-
tion von Zulagen und Eigenbeiträgen in ein Riester-Tilgungsdarlehen oder in eine förderfähige Bauspar-Kombifinanzierung bringen.
Auch das will individuell gestaltet werden, um die Förderung optimal zu nutzen und die spätere Steuerbelastung zu minimieren.
Leistet der Sparer die Einzahlungen so, dass die Zulagenförderung
bestmöglich genutzt wird, sollten aber auch nur die Eigenbeiträge
und staatlichen Zuschüsse auf dem Wohnförderkonto landen. Das
ist nämlich nicht immer automatisch gegeben. Denn einige Kreditgeber verbuchen, wenn dieses Tilgungsvolumen erreicht wird, im
Förderkonto immer den geförderten jährlichen Höchstbetrag von
2.100 Euro – gleichgültig, ob auch tatsächlich Tilgungsleistungen
in dieser Höhe gefördert worden sind oder nicht. Die negative Folge
für alle Zulagenoptimierer: Später muss ein überhöhter Kontostand
versteuert werden.

Bei Riester-Tilgungs-
darlehen: Buchungen aufs
Wohnförderkonto im Blick
behalten

Diese Falle droht vor allem Bauherren und Käufern, bei denen es
außer der Zulagenförderung keine zusätzliche Steuererstattung
auf weitere Einzahlungen gibt. Das betrifft also vor allem Sparer
mit eher durchschnittlichem Einkommen oder mehreren zulagen-
berechtigten Kindern. Wer das verhindern will, sollte vor Vertragsabschluss mit dem Wohn-Riester-Anbieter genau klären, was auf
dem Wohnförderkonto verbucht wird.

Konkret durchgerechnet hat die Stiftung Warentest die Riester-
Frage im Juni 2011 in ihrer Zeitschrift »Finanztest«. Das Ergebnis:
Für viele Verbraucher lohnt es sich, bei der Baufinanzierung die
Riester-Förderung gleich mit einzubauen. Ein wichtiger Aspekt ist
die Zinsersparnis durch die zusätzliche Tilgung, weil die eingesparten Darlehenszinsen meist höher sind als die Nettoverzinsung
eines riesterfähigen Bank-, Versicherungs- oder Fondssparplans.

Wenn beispielsweise ein Ehepaar mit einem Kind und einem Brutto-
einkommen von 70.000 Euro eine Baufinanzierung in Höhe von
200.000 Euro abschließt, wäre die Familie bei 5,0 Prozent Zinsen
und 1,44 Prozent Anfangstilgung mit Riester-Förderung nach 25 Jahren schuldenfrei. Ohne Riester-Förderung würde zu diesem Zeitpunkt hingegen noch eine Restschuld von 57.000 Euro bestehen.

Letztlich entscheidet der Zins darüber, ob sich Wohn-Riester lohnt oder nicht. Wenn eine Riester-Finanzierung genauso günstig oder nur um 0,1 Prozentpunkte teurer ist als ein nicht gefördertes Bankdarlehen, dann lohnt sich das Riestern in aller Regel. Nur wenn das herkömmliche Bankdarlehen deutlich weniger Zinsen kostet als die Riester-Variante, ist es empfehlenswert, den traditionellen Baukredit abzuschließen und anderweitig zu riestern.

Wohn-Riester allein reicht zur Finanzierung nicht aus

Um den Durchblick im Riester-Dschungel zu behalten, kann auch hier die unabhängige Beratung durch eine Verbraucherzentrale (Adressen ⟿ Seite 163) hilfreich sein. Dort kann dann gleich auch das gesamte Finanzierungskonzept auf den Stabilitäts-Prüfstand gestellt werden. Denn bei aller Wohn-Riester-Förderung ist eins klar: Die staatliche Unterstützung kann den Einstieg ins Eigenheim zwar erleichtern, klappen wird er aber nur, wenn ausreichendes Einkommen und Eigenkapital bereits vorhanden ist.

Besondere Situationen in der Rückzahlungsphase

Dieser Ratgeber richtet sich zwar in erster Linie an Bauherren und Käufer, die entweder ihre Finanzierung langfristig planen oder bereits kurz vor dem Vertragsabschluss stehen. Allerdings werden Sie feststellen, dass die Zeit im neuen Heim schnell vergeht. Schon nach wenigen Jahren können sich Fragen stellen, die beim Einstieg in die Finanzierung keine Rolle spielten. Deshalb sollten Sie sich damit frühzeitig beschäftigen, um später keine bösen Überraschungen zu erleben.

Schon zu Beginn der Finanzierung an zukünftige Eventualitäten denken

Vorzeitiger Ausstieg und Vorfälligkeitsentschädigung

Viele Hypothekenschuldner stehen irgendwann vor der Frage, wie man vorzeitig aus dem Vertrag wieder herauskommen kann und welche finanziellen Folgen das hat. Die Gründe können unterschiedlich sein. Zum Beispiel muss die Immobilie verkauft werden, weil ein beruflicher Ortswechsel ansteht, die Belastung wegen eines gesunkenen Einkommens zu hoch wird oder sich das Eigentümerehepaar trennt. Das sind Problemfälle, mit denen sich auch der Bundesgerichtshof (BGH) in der Vergangenheit auseinanderzusetzen hatte.

Grundsätzlich besteht – soweit nicht eigens im Vertrag vereinbart – keine Möglichkeit, vor Ablauf einer Zinsfestschreibung aus einem Hypothekendarlehen auszusteigen. Nur bei längeren Bindungsfristen kann frühestens zehn Jahre nach der vollständigen Auszahlung der Kreditsumme mit sechsmonatiger Frist gekündigt werden.

Nicht wenige Banken versuchten deshalb, ihre Kunden selbst bei einem geplanten Verkauf des Objekts im Kreditvertrag zu halten. Das ging dem BGH dann doch zu weit. Er sprach den Kunden in bestimmten Fällen ein Ausstiegsrecht zu, insbesondere dann, wenn die Immobilie verkauft werden soll oder muss.

Kündigungsrecht bei Immobilienverkauf

Mittlerweile ist diese Rechtsprechung Gesetz geworden: In § 490 Abs. 2 des Bürgerlichen Gesetzbuchs wird geregelt, dass eine außerordentliche Kündigung von Hypothekenkrediten mit einer dreimonatigen Kündigungsfrist möglich ist, wenn andernfalls die »berechtigten Interessen« des Darlehensnehmers beeinträchtigt wären. Als ein solches Interesse gilt vor allem der Verkaufswunsch, aus welchen Gründen auch immer.

Allerdings hat die Sache einen Pferdefuß: Als Kreditnehmer müssen Sie dem Geldgeber den durch die vorzeitige Kündigung entstehenden Schaden in Form einer sogenannten **Vorfälligkeitsentschädigung** ersetzen. Und das kann teuer werden. Wie der Schaden zu berechnen ist, hat der BGH weitgehend vorgegeben. So kann die Bank einerseits die ihr bei einem regulären weiteren Kreditverlauf bis zum Ende der Zinsbindung – nach maximal 10,5 Jahren – zufließenden Zinserträge als Anspruch gegenüber dem Kunden berechnen. Gegenrechnen lassen muss sie sich andererseits aber die Zinserträge, die durch die Wiederanlage der bei der vorzeitigen Ablösung komplett zurückgezahlten Restschuld erzielt werden. Um die Sache zu vereinfachen, kann der Kreditgeber als Wiederanlagezins die aktuelle Rendite von Hypothekenpfandbriefen mit entsprechender Restlaufzeit ansetzen.

Kein Ausstieg ohne Zinsentschädigung

> **Beispiel**
>
> Liegt zum Beispiel der Effektivzins des Darlehens bei 7 Prozent pro Jahr und der erzielbare Wiederanlagezins für Pfandbriefe mit einer Laufzeit, die der Restlaufzeit der Finanzierung entspricht, bei jährlich 4 Prozent, beträgt der Zinsschaden 3 Prozent pro Jahr – so weit die vereinfachte Rechnung »über den Daumen«.

Bei der konkreten Schadensermittlung sind die für die Zukunft kalkulierten Zinszahlungen auf den Ablösungstermin allerdings abzuzinsen. Denn eine erst in fünf Jahren zu leistende Zinsrate hat einen geringeren Gegenwartswert, weil das dafür benötigte Geld in der Zwischenzeit ja noch Zins bringend angelegt werden könnte. Außerdem muss sich die Bank die wegfallenden Verwaltungskosten und die ersparte Risikoprämie anrechnen lassen, die in den Kreditzins einkalkuliert ist. Dennoch kommen vor allem bei größeren Darlehensverträgen mit hohem Vertragszins und noch einigen Jahren Restlaufzeit schnell Vorfälligkeitsentschädigungen in fünfstelliger Euro-Höhe zusammen.

Sondertilgungsrechte können Vorfälligkeitsentschädigung verringern

Vermeiden können Sie die Zahlung nur, wenn bereits bei Vertragsabschluss ein jederzeitiges Kündigungsrecht vertraglich festgeschrieben wird. Viele Kreditinstitute spielen dabei jedoch nicht mit oder verlangen einen saftigen Aufschlag auf den Finanzierungszins. Aber auch eingeschränkte Sondertilgungsrechte verringern zumindest die Schadenshöhe, denn die möglichen Sonderzahlungen muss sich der Geldgeber bei der Ermittlung des Zinsschadens anrechnen lassen.

Völlig anders sieht es aus, wenn Sie aus der Finanzierung aussteigen wollen, weil Sie mit Ihrem bisherigen Finanzierer oder den Vertragskonditionen nicht mehr zufrieden sind oder aktuelle Niedrigzinsen langfristig gesichert werden sollen. Reine Umschuldungen sieht nämlich weder der BGH noch der Gesetzgeber als echten Notfall an. Ein außerordentliches Kündigungsrecht gibt es in solchen Fällen nicht. Stimmt Ihre Bank der Vertragsauflösung trotzdem zu, kann der Preis dafür hoch sein. Bei reinen Umschuldungen gelten nämlich laut BGH die Regeln zur Berechnung der Vorfälligkeitsentschädigung nicht. Das Institut kann die Ablösesumme frei festlegen. Die einzige Einschränkung: Die Forderung darf nicht sittenwidrig hoch ausfallen.

Tipp

Unter diesen Umständen ist in vielen Fällen sinnvoller, die Wechselpläne bis zum Ende der Zinsfestschreibung zu verschieben. Sonst droht trotz des Wechsels in einen günstigeren Kredit unter dem Strich ein Zuschussgeschäft.

Die Anschlussfinanzierung

Einige Jahre nach dem Kauf oder Bau läuft die Zinsbindungsfrist aus und Sie müssen sich um die Weiterführung Ihres Baudarlehens kümmern. Darüber hinaus gilt es, die Finanzierung an die möglicherweise veränderte Lebens- und Einkommenssituation sowie an die aktuellen Gegebenheiten am Zinsmarkt anzupassen.

Mit dem Auslaufen der Zinsbindung wird der Kredit entweder automatisch gekündigt oder als variabel verzinstes Darlehen weitergeführt. In aller Regel vereinbaren die Banken beim Abschluss des Darlehensvertrags mit dem Kunden, dass – sofern keine andere Weisung vorliegt – der Kredit nach dem Ende der Zinsbindung zu variablen Konditionen und jederzeit kündbar weitergeführt wird.

Einige Wochen vor dem Ende der Zinsbindung erhalten Sie eine Mitteilung der Bank, dass Ihr Festzins ausläuft, sowie ein neues Angebot. Nun haben Sie drei Möglichkeiten:

Sie nehmen das Angebot der Bank mit den Standardkonditionen an, was in den allermeisten Fällen die schlechteste Alternative ist. Sie holen Konkurrenzangebote ein und setzen Ihre Bank unter Druck, wenn Sie anderswo günstiger weiterfinanzieren können. In vielen Fällen können Kunden damit noch die eine oder andere Vergünstigung heraushandeln.

Wenn Ihre Hausbank keine attraktiven Konditionen bietet und Sie bei anderen Banken günstigere Zinsen bekommen, dann können Sie das Darlehen ablösen und zu einer anderen Bank wechseln. Eine Vorfälligkeitsentschädigung darf die ursprünglich finanzierende Bank dabei nicht verlangen.

Der wichtigste Erfolgsfaktor für die günstige Anschlussfinanzierung ist die Zeit: Je früher Sie damit beginnen, den Bankenmarkt nach attraktiven Angeboten zu durchforsten, umso besser können Sie die einzelnen Offerten gründlich prüfen. Genau dies wollen jedoch manche Banken verhindern, indem sie ihren Kunden erst kurz vor Ablauf der Zinsbindungsfrist ein Angebot für die Weiterführung zusenden.

Daher sollten Sie auf eigene Faust aktiv werden: Behalten Sie stets den Überblick über die Fälligkeit Ihrer Kredite und beginnen Sie drei Monate vor dem Auslaufen der Zinsbindung damit, Angebote sowohl von Ihrer Hausbank wie auch von anderen Banken einzuholen.

Dabei sollten Sie darauf achten, dass Sie den einzelnen Banken dieselben Rahmenbedingungen vorgeben:

····> Geben Sie überall denselben Immobilienwert – zum Beispiel den damaligen Kaufpreis – sowie die Höhe des abzulösenden Darlehens an.

····> Lassen Sie sich Darlehen mit identischer Zinsbindung anbieten. Wenn Sie sich dabei noch nicht endgültig festlegen wollen, fordern Sie einfach mehrere Angebote mit verschiedenen Zinsbindungsfristen an.

Tipp

Bei der Anschlussfinanzierung sollten Sie die finanzielle Hebelwirkung von vermeintlich unbedeutenden Zehntelprozenten nicht unterschätzen. Schon ein Zinsvorteil von 0,25 Prozent führt bei einer Finanzierungssumme von 150.000 Euro im Lauf von zehn Jahren zu einer Einsparung von mehr als 3.000 Euro. Im Vergleich zu dem überschaubaren Zeitaufwand für die Suche nach dem günstigsten Anbieter ist das ein mehr als üppiger Lohn.

⋯⋙ Fordern Sie keine Angebote mit der Standard-Anfangstilgung von 1 Prozent an, sondern je nach Ihrer aktuellen Finanzlage Darlehensmodelle mit schnellerer Tilgung.

⋯⋙ Machen Sie den einzelnen Banken identische Vorgaben zu Sondertilgungskontingenten und eventuellen Optionen für veränderbare Monatsraten.

Hausbank oft verhandlungsbereit

Das rechtzeitige Einholen von Angeboten ist auch deshalb wichtig, weil Sie in aller Regel noch eine Verhandlungsschleife einplanen sollten. Nicht selten hat es sich gezeigt, dass die Hausbank unter dem Druck der günstigen Konkurrenz noch Zugeständnisse macht. Diesen Verhandlungsdruck können Sie jedoch nur aufbauen, wenn Sie noch genügend zeitlichen Spielraum bis zum Ende der Zinsbindung haben.

Wenn Ihre Hausbank nicht mit den Konditionen der Wettbewerber mithalten kann, ist es meist empfehlenswert, das Darlehen bei der Bank mit den günstigsten Konditionen weiterzuführen. Der Wechsel der finanzierenden Bank nach dem Auslaufen der Zinsbindungsfrist ist einfacher zu bewerkstelligen als oftmals vermutet wird.

Wenn Sie den Kreditantrag an die neue Bank stellen, ermächtigen Sie diese, die notwendigen Formalitäten für die Ablösung des Darlehens vorzunehmen. Dann zahlt die neue Bank den Darlehensbetrag auf das bisherige Kreditkonto ein, löst damit die Schulden ab und übernimmt die Grundschulden als Kreditsicherheit von der bisher finanzierenden Bank.

Abtretung von Grundschulden günstiger als Neueintragung

Dabei ist es ratsam, die bestehenden Grundschulden nicht zu löschen und neue einzutragen, weil damit recht hohe Notar- und Grundbuchgebühren verbunden sind. Weitaus kostengünstiger ist die sogenannte Abtretung: Hier bleibt die Grundschuld bestehen und erhält nur den Vermerk, dass sie an die weiterfinanzierende Bank abgetreten ist. Ein Besuch beim Notar ist dafür in aller Regel nicht notwendig.

Im Vergleich zu der oftmals möglichen Zinsersparnis ist der Bankwechsel nicht teuer. Die Kosten richten sich nach der Summe der abzutretenden Grundschulden. So betragen bei einer Grundschuld ab 150.000 Euro die Abtretungsgebühren rund 225 Euro. Ist das Darlehen bei gleicher Summe hingegen nur 0,1 Prozentpunkte billiger, spart dies im Lauf von zehn Jahren je nach Tilgungssatz etwa 2.000 bis 3.000 Euro an Zinskosten.

Kreditnehmer, die sich gern schon vor dem regulären Vertragsablauf günstige aktuelle Zinssätze für den Anschlusszins sichern wollen, können das schon bis zu zwei bis drei Jahre vor dem Ende der Zinsbindung durch den Abschluss eines sogenannten Forward-Darlehens erreichen. Diese Möglichkeit bieten mittlerweile viele Banken und Finanzierungsvermittler an. Noch während der Laufzeit des Altkredits wird hierbei der Folgekredit zu aktuellen Konditionen abgeschlossen. Und das nicht zwingend bei Ihrem bisherigen Geldgeber. Allerdings kommen Sie nicht ganz so günstig ans Geld wie Neukunden. Pro Monat, der bis zum Ende der Zinsfestschreibung verbleibt, wird ein Zinsaufschlag auf den aktuellen Hypothekenzins fällig, je nach Anbieter meist zwischen 0,02 und 0,04 Prozentpunkten. Bei einer Restlaufzeit von 20 Monaten und einem Aufschlag von 0,03 Prozentpunkten erhöht sich der aktuelle Sollzins also beispielsweise um insgesamt 0,60 Prozentpunkte.

Forward-Darlehen sichert günstige Zinssätze

Liegt die Restlaufzeit bei einem Jahr oder weniger, kommt eine weitere Alternative ins Spiel: **der vorgezogene Abschluss eines normalen Anschlusskredits,** der das bestehende Darlehen bei Fälligkeit ablöst. Ein Zinsaufschlag wird dabei nicht fällig. Allerdings verlangen die Geldgeber für die noch nicht ausgezahlte Kreditvaluta nach Ablauf einer Frist von meist drei Monaten Bereitstellungszinsen in Höhe von üblicherweise 3 Prozent pro Jahr. Dennoch ist es unter dem Strich oft günstiger, die einmaligen Zusatzkosten zu zahlen statt einen dauerhaften Zinsaufschlag beim Abschluss eines Forward-Darlehens in Kauf zu nehmen. Doch unabhängig davon, welchen Weg Sie wählen, bleibt eins zu beachten: Ist der Folgevertrag erst abgeschlossen, gibt es kein Zurück mehr. Wer die Kreditmittel später nicht abnimmt, muss dennoch zahlen: Es wird nämlich eine Entschädigung für die Nichtabnahme des Kredits in Höhe des der Bank entstehenden Zinsschadens fällig. Teurer könnte die Anschlussfinanzierung kaum ausfallen.

Bei geringer Restlaufzeit Alternativen prüfen

Kreditverkauf – worauf Bauherren achten müssen

Wer sich einmal für einen Kreditgeber entscheidet, geht eigentlich davon aus, dass dieser nicht während der Laufzeit des Darlehensvertrags einfach wechselt. Doch die Vergangenheit hat gelehrt, dass es auch anders kommen kann. Einige Baufinanzierer haben sich in den letzten Jahren komplett aus der privaten Immobilienfinanzierung zurückgezogen und ihren gesamten Kreditbestand an eine andere Bank verkauft. Andere haben gezielt wacklige oder bereits gescheiterte Kredite mit Abschlägen an Finanzinvestoren veräußert, um sie aus den eigenen Büchern zu bekommen. Für die betroffenen Kunden hatte das jeweils ganz ähnliche Folgen: Plötzlich gibt es einen neuen Ansprechpartner für die Vertragsangelegenheiten und die monatlichen Raten müssen auf ein anderes Konto überwiesen werden. Oder ein anderer Gläubiger betreibt – bei gescheiterten Finanzierungen – die Zwangsvollstreckung.

Kreditgeber können während Laufzeit wechseln

Das hat bei deutschen Eigenheimbesitzern zu großer Unruhe geführt – und natürlich zu der Frage, ob dies so akzeptiert werden muss. Um Rechtssicherheit zu schaffen, hat der Gesetzgeber mittlerweile einige spezielle neue Regelungen in das Bürgerliche Gesetzbuch aufgenommen.

Gesetze regeln Kreditverkauf

Danach gelten für Finanzierer und Kreditnehmer folgende Regeln: Wenn im Vertrag deutlich darauf hingewiesen wird, ist ein Darlehensgeber grundsätzlich berechtigt, ohne Zustimmung des Kunden seine Forderung aus dem Kreditvertrag an einen Dritten abzutreten, zum Beispiel an eine andere Bank. Das Vertragsverhältnis darf sogar komplett übertragen werden, sodass für den Kunden ein Wechsel des Kreditgebers stattfindet. Allerdings ist der Darlehensnehmer darüber unverzüglich zu informieren, auch sind ihm die Kontaktdaten des neuen Vertragspartners mitzuteilen. Nur wenn die Forderung lediglich intern abgetreten wird, der bisherige Geldgeber aber Ansprechpartner bleibt, müssen die Kunden nicht informiert werden.

Fraglich ist allerdings, ob ohne Einwilligung des Darlehensnehmers auch seine persönlichen Daten an den neuen Gläubiger weitergegeben werden dürfen. Vor allem bei nicht geplatzten Krediten halten Rechtsexperten das nur dann für zulässig, wenn der Kunde ausdrücklich zustimmt. In der Praxis wurde in der Vergangenheit in solchen Fällen zwar die Forderung auf den neuen Gläubiger übertragen, über die persönlichen Daten des Darlehensnehmers durfte aber nur ein zwischengeschalteter Treuhänder verfügen, der auch den Schriftverkehr mit dem Kunden abwickelte.

Für Neufinanzierer gilt: Wer in jedem Fall den späteren Verkauf seines Kredits ausschließen will, muss ein entsprechendes Verkaufs- oder Abtretungsverbot schriftlich im Vertrag fixieren lassen. Viele Kreditinstitute sind hierzu allerdings nicht bereit, andere nehmen einen solchen Passus nur gegen einen satten Zinsaufschlag in den Vertrag auf, der einige tausend Euro kosten kann.

Ohne vertragliche Fixierung kein Verkaufsverbot

Solche Mehrkosten sollten Sie aber nicht akzeptieren, denn dafür sind die Gefahren eines Kreditverkaufs zu gering. Auch ein neuer Gläubiger muss sich nämlich an die Regeln halten. Wird der Kredit übertragen, gelten bis zu dessen Ablauf alle Vertragsvereinbarungen unverändert weiter. Solange die Raten regelmäßig fließen, besteht für den Gläubiger auch keine Möglichkeit, den Kredit vorzeitig zu kündigen oder gar die Immobilie zu verwerten.

Vorsicht ist für Kreditkunden allenfalls bei einer anstehenden Anschlussfinanzierung angebracht. Hier sollte der neue Vertragspartner möglichst frühzeitig gefragt werden, ob er einen Anschlusskredit anbieten wird und – wenn ja – zu welchen Konditionen. Von sich aus muss sich der Darlehensgeber spätesten drei Monate vor Ablauf des Vertrags oder der Zinsbindung melden. Will er aus der Finanzierung aussteigen oder ist das vorgelegte Zinsangebot zu teuer, sollten Sie sich schnellstens um einen neuen Geldgeber für die Anschlussfinanzierung kümmern.

Eine Verbesserung für Darlehensnehmer hat die im Zusammenhang mit der Regelung der Kreditverkäufe durchgeführte Neufassung des Darlehensrechts bei den Kündigungsregeln gebracht. Mussten Bauherren in der Vergangenheit schon nach der ersten

versäumten Rate mit der Kündigung rechnen, kann der Darlehensgeber den Vertrag jetzt erst beenden, wenn der Kreditnehmer zwei
aufeinanderfolgende Raten nicht gezahlt hat und er dadurch mit
mindestens 2,5 Prozent des Ursprungsdarlehens im Verzug ist.
Altverträge profitieren davon allerdings nicht, denn die neuen
Kündigungsregeln gelten nur für nach dem 18. August 2008 abgeschlossene Verträge oder nach diesem Stichtag an einen anderen
Gläubiger übertragene Altverträge.

Was tun, wenn es finanziell eng wird?

Eine Baufinanzierung ist für den Bauherren mit einem hohen finanziellen Risiko verbunden, das sich auch bei sorgfältiger und vor-
sichtiger Planung nicht vollständig vermeiden lässt. Allein im Jahr
2010 wurden in Deutschland mehr als 80.000 Immobilien zwangs-
versteigert – eine Zahl, die sich jeder Häuslebauer vor einer Entscheidung über teure Ausstattungsextras vor Augen halten sollte.
Jobverlust, Scheidung oder eine allzu knappe Kreditkalkulation
können dazu führen, dass schon wenige Jahre nach dem Erwerb
des Eigenheims die finanzielle Überforderung eintritt.

**Möglichst schnell
reagieren**

Wenn es finanziell eng wird, dann ist die Zeit der wichtigste Faktor:
Je schneller Sie mit den richtigen Maßnahmen auf einen Engpass
reagieren, desto eher können Sie verhindern, dass Ihnen die Baufinanzierung aus dem Ruder läuft. Auf gar keinen Fall sollten Sie
darauf hoffen, dass die Bank einfach stillhält, wenn Sie sich nicht
rühren. Dieses Wunschdenken wird spätestens dann von der har-
ten Realität erledigt, wenn Ihr Girokonto so weit überzogen ist,
dass die Zahlung der Darlehensraten gesperrt wird. Ab diesem
Moment gelten Sie als säumiger Zahler und Sie riskieren innerhalb
weniger Monate die Zwangsversteigerung. Sobald sich Ihre Ein-

kommensverhältnisse nachhaltig so verändern, dass die Rückzahlung der Baufinanzierung nicht mehr auf Dauer gewährleistet ist, sollten Sie den Kontakt zu Ihrer finanzierenden Bank aufnehmen und nach einer für beide Seiten akzeptablen Lösung suchen.

Die erste Überlegung ist dabei, ob es sich nur um eine **zeitlich begrenzte Liquiditätskrise** handelt. Dies könnte etwa dann der Fall sein, wenn sich ungeplant ein Kind ankündigt und sich durch die berufliche Erziehungspause das Familieneinkommen über einen gewissen Zeitraum reduziert. Unter der Voraussetzung, dass der bisherige Tilgungsanteil innerhalb der Monatsrate nicht zu knapp bemessen ist, kann beispielsweise mit der Bank über eine vorübergehende Reduzierung oder Aussetzung der Tilgung verhandelt werden. Bei einem Darlehen über 180.000 Euro mit einem Zinssatz von 5 Prozent und einer jährlichen Tilgung von 3 Prozent kann durch eine vorübergehende Tilgungsaussetzung die Monatsrate von 1.200 Euro auf 750 Euro gesenkt werden. Zwar verlängert sich dadurch die Gesamtdauer der Finanzierung. Dies kann jedoch eine sinnvolle Maßnahme sein, wenn dadurch vermieden wird, dass das Girokonto dauerhaft in die roten Zahlen rutscht und teure Dispokreditzinsen verursacht.

Anders liegt hingegen der Fall, wenn Sie erkennen müssen, dass Sie beispielsweise aufgrund eines erzwungenen Wechsels in einen schlechter bezahlten Job oder aus gesundheitlichen Gründen mit der Rückzahlung **Ihrer Baufinanzierung dauerhaft überfordert sind.** Hier kommt eine Herabsetzung des Tilgungsanteils nur infrage, wenn so viel Reserve eingeplant ist, dass die Rückzahlung der Schulden bis zum Rentenbeginn gesichert bleibt. Entlastung kann auch – sofern entsprechendes Vermögen bei den Eltern vorhanden ist – eine Schenkung bringen. Um Geschwister beim Erben nicht zu benachteiligen, dann im Gegenzug auf einen Teil des späteren Erbanteils verzichtet werden.

Sonst gibt es meist keine sinnvolle Alternative zum möglichst **raschen Verkauf** des Eigenheims. Das mag zwar bitter sein und womöglich Verlust bringen, wenn die ursprünglichen Kauf- und

Finanzielle Engepässe vorübergehende ...

... oder dauerhafte Liquiditätskrise

Baukosten nicht vollständig abgedeckt sind. Doch jeder Monat verursacht in der Überschuldung hohe Zinskosten und erhöht das Risiko, dass der Traum vom Eigenheim in der Zwangsversteigerung endet. Und dann ist der erzielte Preis in aller Regel weitaus geringer als der Betrag, der mit einem geordneten Verkauf erzielt werden könnte.

Ratsam ist es, in prekären Situationen kompetente Hilfe zu suchen. Die Verbraucherzentralen bieten für überschuldete Haushalte fachliche Unterstützung und helfen Betroffenen dabei, ihre Unterlagen zu strukturieren, die Rechte gegenüber den Gläubigern zu wahren und im Bedarfsfall ein Verbraucherinsolvenzverfahren mit anschließender Restschuldbefreiung einzuleiten.

Vorsicht vor Schulden-regulierern

Noch eins zum Schluss: Hüten Sie sich vor kommerziellen Schuldenregulierern, die Ihnen weismachen wollen, dass Sie mit diversen Umschuldungsmaßnahmen aus der finanziellen Misere geführt werden. Oftmals werden überschuldete Menschen durch solche Machenschaften mit teuren Provisionen und Beratungsgebühren zur Kasse gebeten, ohne dass eine brauchbare Gegenleistung erbracht wird.

Abc der Baufinanzierung

anfänglicher effektiver Jahreszins
⤳ Effektivzins

Annuität
Regelmäßige – auch als Kapitaldienst bezeichnete – Zahlung, die
bei ⤳ Annuitätendarlehen für Zinsen und Tilgung pro Jahr aufzubringen ist. Die Annuität bleibt während der Zinsbindungsfrist des
Darlehens gleich hoch. Mit zunehmender Laufzeit verändert sich
aber der Anteil von Zinsen und Tilgung innerhalb der Annuität.
Durch die abnehmende Darlehensrestschuld ersparte Zinsen werden zur Erhöhung des Tilgungsanteils verwendet.

Annuitätendarlehen
Darlehen, das mit gleichbleibenden ⤳ Annuitäten zurückgezahlt
wird. Die Laufzeit beträgt bei einer Anfangstilgung von 1 Prozent je
nach Zinssatz und Abrechnungsweise ca. 25 bis 35 Jahre.

Arbeitnehmersparzulage
Nach dem Vermögensbildungsgesetz gewährte staatliche Förderung
für Arbeitnehmer, deren ⤳ zu versteuerndes Einkommen im Rahmen
der Höchstgrenzen von jährlich 17.900 Euro bei Ledigen beziehungs-
weise 35.800 Euro bei Verheirateten liegt. Die Arbeitnehmersparzulage beträgt seit dem 1. Januar 2004 bei Bausparverträgen pro Jahr
9 Prozent auf ⤳ vermögenswirksame Leistungen von bis zu 470 Euro
je Arbeitnehmer. Zusätzlich kann eine Zulage von 20 Prozent auf vermögenswirksame Leistungen von bis zu 400 Euro jährlich kassiert
werden, wenn diese in eine sogenannte Produktivkapitalbeteiligung
fließen, zum Beispiel Aktienfondssparverträge, Belegschaftsaktien
oder sonstige Beteiligungen am Arbeitgeberunternehmen.

Auflassung
Einigung zwischen Käufer und Verkäufer über die Übertragung
des Eigentums an einem Grundstück. Die Auflassungserklärung
muss notariell beurkundet werden. Das Eigentum am Grundstück
geht wirksam allerdings erst durch Auflassung *und* Eintragung der
Eigentumsänderung im ⤳ Grundbuch über.

Auflassungsvormerkung

Vergeht zwischen dem Kaufvertrag und dem eigentlichen Eigen-
tumsübergang eine gewisse Zeit, so kann sich der Käufer durch die
Eintragung einer Auflassungsvormerkung im ⟶ Grundbuch dagegen absichern, dass der Verkäufer in der Zwischenzeit das Eigentum an einen anderen Käufer überträgt.

Auszahlungskurs

Gibt den prozentualen Anteil der nominellen Darlehenssumme an,
der dem Darlehensnehmer nach Abzug von Auszahlungsabschlä-
gen, wie zum Beispiel ⟶ Disagio oder Bearbeitungsgebühr, ausgezahlt wird.

Bauspardarlehen

⟶ Annuitätendarlehen, auf das der Bausparer erst nach der
⟶ Zuteilung des Bausparvertrags einen Anspruch hat. Die Höhe
des Darlehens ergibt sich in der Regel aus der Differenz zwischen
Ansparleistung und ⟶ Bausparsumme. Zum Teil besteht jedoch
auch ein garantierter Anspruch in Höhe eines bestimmten Prozentsatzes der Bausparsumme.

Bausparsumme

Vertragssumme, über die ein Bausparvertrag abgeschlossen wird.
Die Bausparsumme bestimmt die Höhe des erforderlichen ⟶ Min-
destsparguthabens, des maximalen Darlehensanspruchs, der
Spar- und Tilgungsraten sowie der Abschlussgebühr.

Bauspartarife

Der jeweilige Tarif regelt vor allem die Höhe der monatlichen
Spar- und Tilgungsbeiträge sowie die Höhe der Zinsen auf Bau-
spareinlagen und ⟶ Bauspardarlehen. Im Wesentlichen wird zwischen Standardtarif, Schnelltarif, Langzeittarif und Optionstarif
unterschieden.

Beleihungsgrenze(n)

Bis zu dieser in Prozent des ⟶ Beleihungswerts angegebenen
Grenze sind Geldinstitute normalerweise bereit, Ihr Objekt zu
bestimmten Bedingungen zu beleihen und ein entsprechendes

Darlehen zur Verfügung zu stellen. Die Beleihungsgrenze für den erstrangig gesicherten Finanzierungsteil – die sogenannte 1a-Hypothek (⟶ Hypothekendarlehen) – setzen die Kreditinstitute in der Regel bei 60 Prozent, Lebensversicherungsunternehmen dagegen nur bei 40 bis 50 Prozent des Beleihungswerts an. Bei einem höheren Kreditbedarf muss entweder ein zusätzliches nachrangiges Darlehen zu schlechteren Zinskonditionen aufgenommen werden oder der Kredit wird aufgestockt und der Zins für die gesamte Darlehenssumme steigt. Üblicherweise sind Finanzierungen bis zu einer Beleihungsgrenze von 80 Prozent des Beleihungswerts möglich. Bausparkassen gewähren ihre Kredite bis zu dieser Grenze ohne Zinsaufschlag.

Beleihungswert

Diese Größe soll den auf Dauer erzielbaren Wert des Beleihungsobjekts darstellen. Bei selbst genutzten Einfamilienhäusern und Eigentumswohnungen errechnet er sich normalerweise aus dem sogenannten Sachwert, bei Mietobjekten aus dem Ertragswert. Da die Finanzierer von den tatsächlichen Baukosten bzw. vom Kaufpreis des Objekts in der Regel einen Sicherheitsabschlag abziehen, liegt der Beleihungswert meist nur bei etwa 80 Prozent der tatsächlich anfallenden Aufwendungen. Dies muss bei der Planung einer Finanzierung berücksichtigt werden, denn von der Höhe des Beleihungswerts hängt der Umfang der von den Geldinstituten zur Verfügung gestellten Finanzierungsmittel ab.

Bereitstellungszinsen

Solche Zinsen berechnen viele Kreditinstitute für den Teil des Gesamtkredits, der nach der Darlehenszusage nicht sofort vom Darlehensnehmer abgerufen wird. Die Zinsen betragen meist 0,25 Prozent pro Monat und werden nach Ablauf einer Frist berechnet, die je nach Geldgeber zwischen einem und neun Monaten liegt. Bereitstellungszinsen fallen vor allem im Zusammenhang mit Bauvorhaben an, da hier die Auszahlung der Darlehenssumme nach Baufortschritt in Raten erfolgt.

Bewertungszahl

Für Bausparverträge wird regelmäßig zu bestimmten – je nach Bausparkasse unterschiedlichen – Bewertungsstichtagen eine Bewertungszahl ermittelt. Diese stellt eine Art Zensur für die bis zum Stichtag erbrachte Sparleistung dar. Bei der Berechnung werden sowohl die bisher geleisteten Spareinzahlungen als auch die Anspardauer berücksichtigt. Es gilt das sogenannte Zeit-mal-Geld-Prinzip.

Bonität

Kreditwürdigkeit des Darlehensnehmers. Es wird unterschieden zwischen einer materiellen Kreditwürdigkeit, bei der die Einkommens- und Vermögensverhältnisse im Vordergrund stehen, und einer persönlichen Kreditwürdigkeit, bei der es um die Zuverlässigkeit der Person des Kreditnehmers geht.

Courtage

Maklergebühr oder -provision, je nach Bundesland unterschiedlich hoch. Die Spanne reicht von 3,48 Prozent bis 6,96 Prozent des Kaufpreises.

Damnum

⇢ Disagio

Disagio

Auch als Damnum bezeichneter Auszahlungsverlust, der in Form einer Differenz zwischen der nominellen Darlehenssumme und dem tatsächlich zur Auszahlung kommenden Nettodarlehen bei der Auszahlung des Darlehens anfällt. Das Disagio ist in der Regel ein einmaliger Zinsvorschuss, der während einer bestimmten Festlegungsfrist zu einem niedrigeren Sollzins führt. Dabei gilt: je höher das Disagio, desto niedriger der Sollzins. Ein Disagio kann bei selbst genutztem Wohnraum schon lange nicht mehr steuerlich abgesetzt werden. Für den Selbstnutzer führt eine Disagiovereinbarung deshalb immer zu höheren Gesamtfinanzierungskosten und ist somit nicht empfehlenswert.

effektiver Jahreszins, Effektivzins

Die gemäß § 4 Preisangabenverordnung als Preis eines Kredits anzugebende Gesamtbelastung, ausgedrückt in einem Prozentsatz pro Jahr. Die Bezeichnung erfolgt als »effektiver Jahreszins« oder, wenn – wie üblich bei Baudarlehen – die Konditionen nicht von vornherein für die Gesamtlaufzeit feststehen, als »anfänglicher effektiver Jahreszins«. Als Vergleichsmaßstab für unterschiedliche Darlehensangebote besitzt der Effektivzins allerdings nur eine eingeschränkte Aussagekraft, da außer den gemäß der Preisangabenverordnung zu erfassenden Preisbestandteilen (⟶ Sollzins, Zinsbindungsfrist, ⟶ Disagio, Bearbeitungsgebühr, Tilgungssatz, Zeitpunkt der Zahlung und Verrechnung von Zins- und Tilgungsleistungen, Vermittlungsprovisionen) von den Kreditinstituten eine Reihe von Nebenkosten, wie zum Beispiel ⟶ Bereitstellungszinsen, erhoben werden, die nicht in die Berechnung des Effektivzinses einfließen.

Einheitswert

Im Rahmen eines besonderen Verfahrens vom Finanzamt für Grundstücke festgestellter steuerlicher Richtwert, der in der Regel im Rahmen des sogenannten Ertragswertverfahrens ermittelt wird. Der Einheitswert dient als Bemessungsgrundlage für Grund-, Vermögen-, Erbschaft- und Schenkungsteuer. Je nach der Art des Grundstücks beträgt der Einheitswert lediglich ca. 15 bis 40 Prozent des ⟶ Verkehrswerts.

Ertragswert

Insbesondere für vermietete Objekte im Rahmen der Beleihungswertermittlung zu berechnender Wert, der sich aus der Summe von Bodenwert und Gebäudeertragswert zusammensetzt. Der Gebäudeertragswert wird dabei durch Multiplikation des nachhaltig erzielbaren Reinertrags des Gebäudes mit einem sogenannten Kapitalisierungsfaktor ermittelt.

Festdarlehen

Auch als ⟶ tilgungsfreies Darlehen bezeichneter Kredit über eine feste Summe, der am Ende der Laufzeit mit einer einmaligen Zahlung komplett getilgt wird, zum Beispiel durch die Ablaufleistung einer Kapitallebensversicherung oder einen zugeteilten Bausparvertrag. Während der Laufzeit sind für den Kredit lediglich Zinsen zu zahlen. Anstelle von Tilgungsleistungen erfolgt die Zahlung von Beiträgen in eine Lebensversicherung oder einen Bausparvertrag.

Festzins

Für einen bestimmten Zeitraum – meist 5, 10 oder 15 Jahre – bei ⟶ Hypothekendarlehen vertraglich festgelegter Zinssatz. Während der Zinsfestlegungsfrist ist gemäß § 609 a BGB eine Kündigung grundsätzlich ausgeschlossen. Nur bei einer über einen Zeitraum von 10 Jahren hinausgehenden Zinsfestlegungsfrist kann eine Kündigung bereits nach 10 Jahren mit einer sechsmonatigen Kündigungsfrist erfolgen. Nach Ablauf der Zinsfestschreibung werden die Zinskonditionen im Rahmen einer Anschlussfinanzierung neu vereinbart.

Gleitzins

⟶ variabler Zins

Grundbuch

Amtliches Register, das beim zuständigen Amtsgericht im »Grundbuchamt« geführt wird (Ausnahme: Baden-Württemberg; hier führen Notare das Grundbuch) und die Rechtsverhältnisse eines Grundstücks der Öffentlichkeit darlegt. Das Grundbuch gibt Auskunft darüber, wer Eigentümer eines Grundstücks ist und welche Lasten und Beschränkungen darauf ruhen. ⟶ Grundpfandrechte, also vor allem ⟶ Hypotheken und ⟶ Grundschulden, die auf einem Grundstück lasten, werden in der sogenannten Abteilung III erfasst. Da es sich beim Grundbuch um ein öffentliches Register handelt, kann jeder, der ein berechtigtes Interesse nachweist, in das Grundbuch Einsicht nehmen und beglaubigte Grundbuchabschriften verlangen.

Grunderwerbsteuer

Beim Kauf eines Grundstücks verlangt der Staat eine Grunderwerbsteuer, deren Höhe je nach Bundesland zwischen 3,5 und 6,5 Prozent des Kaufpreises beträgt. Zum Grundstück gehört auch ein darauf eventuell errichtetes Gebäude, sodass beim Kauf eines Objekts die zu zahlende Steuer auf der Grundlage des Gesamtkaufpreises ermittelt wird.

Grundpfandrecht

Durch die Eintragung von Grundpfandrechten – unter diesen Oberbegriff fallen vor allem ⋯⋗ Hypotheken und ⋯⋗ Grundschulden – erwerben Kreditgeber eine dingliche Sicherheit in Form eines Pfandrechts an einem Grundstück und dem damit verbundenen Gebäude. Die Eintragung erfolgt im ⋯⋗ Grundbuch, wobei die Reihenfolge der Eintragungen bestimmt, welche Forderung im Fall einer Verwertung des verpfändeten Objekts zuerst zum Zug kommt.

Grundschuld

Das heutzutage im Normalfall zur Sicherung von Baufinanzierungsdarlehen im ⋯⋗ Grundbuch eingetragene ⋯⋗ Grundpfandrecht. Im Gegensatz zur ⋯⋗ Hypothek muss der Grundschuld keine Forderung des Gläubigers zugrunde liegen. In der Praxis ist dies jedoch fast immer der Fall. Die Grundschuld bleibt auch bei fortschreitender Tilgung des Darlehens in voller Höhe bestehen. Nach Rückzahlung eines Darlehens kann sie, ohne eine Neueintragung vornehmen zu müssen, auch als Sicherheit für ein neues Darlehen verwendet werden. Aufgrund der einfacheren Handhabung hat die Grundschuld die Hypothek als Kreditsicherheit bei Baufinanzierungen fast völlig verdrängt.

Grundsteuer

Steuer, die auf den Grundbesitz (Grundstück und Gebäude) erhoben wird. Die Bemessungsgrundlage ist der ⋯⋗ Einheitswert. Der sogenannte Grundsteuermessbetrag wird durch die Multiplikation des Einheitswerts mit einer je nach Grundstücksart unterschiedlich hohen Steuermesszahl ermittelt. Die Grundsteuerschuld ergibt sich dann wiederum durch die Multiplikation des Steuermessbetrags mit dem Hebesatz der jeweiligen Gemeinde. Da die Hebesätze von den Gemeinden selbst festgelegt werden, fällt die zu entrichtende Grundsteuer je nach Kommune, in der das Objekt angesiedelt ist, unterschiedlich hoch aus.

Hypothek

⋯⋗ Grundpfandrecht zur dinglichen Sicherung vor allem von Darlehensforderungen. Im Gegensatz zur ⋯⋗ Grundschuld ist der

Bestand einer Hypothek vom Vorhandensein einer Forderung abhängig. Die Hypothek nimmt bei fortschreitender Tilgung einer Darlehensschuld im gleichen Umfang ab. Bei vollständiger Rückzahlung des Darlehens ist die Hypothek zu löschen. Im Bereich der Baufinanzierung ist die Hypothek heute aber fast völlig durch die leichter zu handhabende ⸱⸱⸱⸚ Grundschuld verdrängt worden.

Hypothekendarlehen

Oberbegriff für grundpfandrechtlich gesicherte Darlehen. Obwohl heutzutage zur Sicherung von Baufinanzierungsdarlehen fast nur noch ⸱⸱⸱⸚ Grundschulden eingetragen werden, bezeichnet man auch diese Kredite nach wie vor als Hypothekendarlehen. Je nach Rangstelle der im Grundbuch eingeräumten Sicherheiten spricht man von einer »1a-Hypothek« oder einer »1b-Hypothek«.

Kapitaldienst

⸱⸱⸱⸚ Annuität

Kumulierungsverbot

Das Verbot soll eine Doppelförderung durch die staatliche Sparförderung ausschließen. Für dieselben – zum Beispiel auf einen Bausparvertrag eingezahlten – Beträge kann nicht gleichzeitig eine Wohnungsbauprämie und eine ⸱⸱⸱⸚ Arbeitnehmersparzulage beantragt werden.

Lebensversicherungshypothek

Kurzbezeichnung für ⸱⸱⸱⸚ Festdarlehen (auch tilgungsfreie Darlehen), die am Ende der Laufzeit auf einen Schlag durch die Ablaufleistung einer Kapitallebensversicherung getilgt werden.

Mindestbewertungszahl

Neben ⸱⸱⸱⸚ Mindestsparguthaben und Mindestlaufzeit eine Voraussetzung, die ein Bausparvertrag erfüllen muss, um überhaupt für eine ⸱⸱⸱⸚ Zuteilung infrage zu kommen. Das Erreichen der Mindestbewertungszahl bedeutet allerdings nicht automatisch, dass der Bausparvertrag zugeteilt wird. Hier ist vielmehr die ⸱⸱⸱⸚ Zielbewertungszahl maßgeblich.

Mindestsparguthaben

Neben ⟶ Mindestbewertungszahl und Mindestlaufzeit erforderliche Voraussetzung dafür, dass ein Bausparvertrag überhaupt
für eine ⟶ Zuteilung infrage kommt. Je nach Tarif beträgt das
Mindestsparguthaben 40 oder 50 Prozent der Bausparsumme.

Nominalschuld

Die Nominalschuld ist der Nennbetrag des Darlehens und maßgeblich für die Berechnung von Zinsen, Tilgung und Bearbeitungsgebühren. Der tatsächlich zur Auszahlung kommende Darlehensbetrag kann auch unter der Nominalschuld liegen, wenn hiervon Beträge wie Bearbeitungsgebühr oder ⟶ Disagio abgezogen werden.

öffentliche Baudarlehen

Teil der staatlichen Wohnungsbauförderung. Die Bundesländer
fördern den Neubau bzw. Ersterwerb von Eigenheimen und selbst
genutzten Eigentumswohnungen, zum Teil auch den Kauf von
Gebrauchtobjekten sowie den Ausbau und die Modernisierung von
Immobilien, durch die Bereitstellung öffentlicher Baudarlehen. Voraussetzung ist die Erfüllung der jeweiligen Förderbedingungen. Die
Darlehen werden entweder zinsgünstig oder völlig zinslos gewährt
und sind mit anfänglich 1 Prozent pro Jahr zu tilgen. Zusätzlich fällt
ein geringer jährlicher Verwaltungskostenbeitrag an. Die Höhe der
in Form von öffentlichen Baudarlehen bereitgestellten Fördermittel ist von den von Bundesland zu Bundesland unterschiedlichen
Förderungsrichtlinien abhängig.

Realkredit

Oberbegriff für Darlehen, die durch die Eintragung von ⟶ Grundpfandrechten gesichert sind. Unter diese Bezeichnung fallen sowohl erstrangig gesicherte Darlehen als auch Darlehen, die durch
ein nachrangiges Grundpfandrecht gesichert werden.

Rendite

Verhältnis des jährlichen Ertrags einer Kapitalanlage bezogen auf
das eingesetzte Kapital. Die Rendite stellt praktisch die Effektiv-
verzinsung einer Kapitalanlage dar. Problematisch ist allerdings,
dass keine gesetzliche Vorgabe existiert – wie zum Beispiel die
bei der Ermittlung des Effektivzinses für Kredite zu beachtende

Preisangabenverordnung –, die verbindlich vorschreibt, wie die
Rendite zu errechnen ist.

Restschuld

Betrag des zu einem bestimmten Stichtag – zum Beispiel dem
Ende einer Zinsbindungsfrist – noch zurückzuzahlenden Darlehensteils.

Risikolebensversicherung

Im Gegensatz zur Kapitallebensversicherung findet im Rahmen
einer Risikolebensversicherung kein Ansparvorgang statt. Sie
dient allein zur Deckung des Todesfallrisikos und kostet deshalb nur einen Bruchteil dessen, was für eine entsprechende
Kapitallebensversicherung gezahlt werden muss. Im Zusammenhang mit Krediten wird die Risikolebensversicherung oft so gestaltet, dass sich die Versicherungssumme an die fallende Darlehensrestschuld anpasst. Man spricht dann von einer Restschuldversi-
cherung.

Sachwert

Bei selbst genutzten Einfamilienhäusern und Eigentumswohnungen wird der ···→ Beleihungswert in der Regel auf der Basis des
Sachwerts errechnet. Der Sachwert des Objekts setzt sich dabei
aus Bau- und Bodenwert zusammen. Da bei der Berechnung des
Bauwerts meist Abschläge vorgenommen werden, liegt der Sachwert je nach Objekt etwa 10 bis 30 Prozent unter den tatsächlichen
Anschaffungs- oder Herstellungskosten.

SCHUFA

Schutzgemeinschaft für allgemeine Kreditsicherung. Gemein-
schaftseinrichtung der Kreditwirtschaft, die Informationen sam-
melt, die ihr von ihren Mitgliedern über deren Kunden mitgeteilt
werden. Zu diesen Informationen gehören zum Beispiel Name und
Anschrift von Kontoinhabern, Angaben über die Eröffnung und
Schließung von Girokonten sowie nicht vertragsgemäßem Ver-
halten des Kontoinhabers. Außerdem erfasst die SCHUFA Daten
über Konsumentenkredite und Bürgschaftsübernahmen. Nicht
gesammelt werden dagegen Angaben über Kontostände oder persönliche Einkommens- und Vermögensverhältnisse. Vor Abschluss

von Darlehensverträgen verlangen die Kreditinstitute in der Regel die Unterzeichnung der sogenannten SCHUFA-Klausel, die sie zur Einholung von Auskünften berechtigt. Jeder in der SCHUFA-Datei erfasste Bankkunde kann gegen eine Gebühr eine Auskunft über die zur eigenen Person gespeicherten Daten einholen.

Sollzins, Sollzinssatz
Zinssatz, mit dem der Darlehensnennbetrag (⋯→ Nominalschuld) zu verzinsen ist. Bestimmt die Höhe der laufenden Zinsraten. Der Sollzins gibt keine Auskunft über die tatsächlichen Kosten eines Kredits. Hierzu muss der ⋯→ Effektivzinssatz betrachtet werden, in den weitere preisbeeinflussende Faktoren einfließen, wie beispielsweise Zinsbindungsfrist, ⋯→ Disagio, Ratenzahlungs- und -verrechnungstermine.

tilgungsfreies Darlehen
⋯→ Festdarlehen

variabler Zins
Bei Vereinbarung eines variablen Zinssatzes kann das Kreditinstitut den ⋯→ Sollzins des Darlehens jederzeit an die aktuelle Marktlage anpassen. Der Schuldner hat die Möglichkeit, den Darlehensvertrag unter Berücksichtigung einer dreimonatigen Kündigungsfrist jederzeit aufzulösen. Kunden sollten darauf achten, dass die Zinsentwicklung an einen konkreten Marktzins gekoppelt ist, damit das Geldinstitut eine marktgerechte Verzinsung vornehmen muss.

Verkehrswert
Der erzielbare Verkaufswert einer Immobilie. Seine Ermittlung erfolgt je nach Nutzung des Objekts entweder auf der Basis des ⋯→ Sachwerts oder des ⋯→ Ertragswerts. Bei der Berechnung werden außerdem die allgemeine Lage auf dem Grundstücksmarkt sowie Erfahrungswerte einbezogen.

vermögenswirksame Leistungen
Leistungen des Arbeitgebers, die dieser für den Arbeitnehmer in eine der im Fünften Vermögensbildungsgesetz genannten Anlageformen einzahlt. Die vermögenswirksamen Leistungen können ent-

weder aus tariflich vereinbarten oder freiwilligen Leistungen des
Arbeitgebers oder aus eigenen Einzahlungen des Arbeitnehmers
bzw. als eine Kombination beider Möglichkeiten erbracht werden.
Unabhängig davon, wer die Zahlungen letztlich erbringt, müssen
sie allerdings immer unmittelbar vom Arbeitgeber auf den Sparvertrag überwiesen werden.

Vorfinanzierung
⤑ Zwischenfinanzierung

Wartezeit bei Bausparverträgen
Zeitraum, der bei Bausparverträgen vom Abschluss des Vertrags
bis zur ⤑ Zuteilung vergeht. Die Wartezeit beträgt bei nach dem
sogenannten Standardtarif abgeschlossenen Verträgen je nach
Marktlage und Bausparkasse etwa zwischen acht und zehn Jahren.
Die Wartezeit lässt sich nicht von vornherein exakt bestimmen, da
ihre Dauer zum einen vom Ansparverhalten des Bausparers und
zum anderen von der Geschäftsentwicklung der einzelnen Bausparkasse abhängt. Aus diesem Grund ist es den Bausparkassen
auch gesetzlich untersagt, Zuteilungszusagen zu geben.

Zielbewertungszahl
Bewertungszahl, die ein Bausparvertrag zum Bewertungsstichtag
mindestens aufweisen muss, um in der zum Stichtag gehörenden
Zuteilungsperiode zugeteilt zu werden.

zu versteuerndes Einkommen
Die Bemessungsgrundlage für die Einkommensteuer wird nach
§ 2 Absatz 2–5 Einkommensteuergesetz ermittelt. Hierbei wird zunächst die Summe der Einkünfte aus den einzelnen Einkunftsarten
berechnet – zum Beispiel Einkünfte aus nichtselbständiger Arbeit,
aus Kapitalvermögen, aus Vermietung und Verpachtung. Vom
Bruttolohn können hierbei Werbungskosten (Fahrtkosten, Arbeits-
mittel usw.) mindestens in Höhe des Arbeitnehmerpauschbetrags
von 1.000 Euro abgezogen werden. Verringert man den so ermittelten »Gesamtbetrag der Einkünfte« um die Sonderausgaben und
die außergewöhnlichen Belastungen, erhält man das Einkommen.
Zieht man davon den Kinderfreibetrag und den Haushaltsfreibetrag

für Alleinstehende mit Kindern ab, so ergibt sich aus dem Einkommen das zu versteuernde Einkommen.

Zuteilung

Zeitpunkt, ab dem die Bausparkasse die sich aus Bausparguthaben und Bauspardarlehen zusammensetzende Bausparsumme zur Auszahlung bereithält.

Zwischenfinanzierung

Wird die Vertragssumme eines Bausparvertrags bereits vor dessen ⤳ Zuteilung benötigt, kann der Bausparer in der Regel zur Überbrückung der restlichen Wartezeit eine Vor- oder Zwischenfinanzierung abschließen. Hierbei wird ein tilgungsfreies Darlehen (⤳ Festdarlehen) in Höhe der Bausparsumme aufgenommen. Die Tilgung des Darlehens erfolgt dann zum Zeitpunkt der Auszahlung des Bausparvertrags durch die Bausparsumme. Weist der Bausparvertrag bereits das erforderliche ⤳ Mindestsparguthaben auf, spricht man von einer Zwischenfinanzierung; hat das Guthaben den Mindestbetrag noch nicht erreicht, handelt es sich um eine Vorfinanzierung.

Anschriften

Verbraucherzentralen

**Verbraucherzentrale
Baden-Württemberg e.V.**
Paulinenstraße 47
70178 Stuttgart
Telefon: (0 18 05) 50 59 99 *
Telefax: (07 11) 66 91-50
www.verbraucherzentrale-bawue.de
* Festnetzpreis 0,14 €/Minute
  Mobilfunkpreis max. 0,42 €/Minute

**Verbraucherzentrale
Bayern e.V.**
Mozartstraße 9
80336 München
Telefon: (0 89) 5 39 87-0
Telefax: (0 89) 53 75 53
www.verbraucherzentrale-bayern.de

**Verbraucherzentrale
Berlin e.V.**
Hardenbergplatz 2
10623 Berlin
Telefon: (0 30) 2 14 85-0
Telefax: (0 30) 2 11 72 01
www.verbraucherzentrale-berlin.de

**Verbraucherzentrale
Brandenburg e.V.**
Templiner Straße 21
14473 Potsdam
Telefon: (03 31) 2 98 71-0
Telefax: (03 31) 2 98 71-77
www.vzb.de

**Verbraucherzentrale
Bremen e.V.**
Altenweg 4
28195 Bremen
Telefon: (04 21) 1 60 77-7
Telefax: (04 21) 1 60 77-80
www.verbraucherzentrale-bremen.de

**Verbraucherzentrale
Hamburg e.V.**
Kirchenallee 22
20099 Hamburg
Telefon: (0 40) 2 48 32-0
Telefax: (0 40) 2 48 32-2 90
www.vzhh.de

**Verbraucherzentrale
Hessen e.V.**
Große Friedberger Straße 13–17
60313 Frankfurt a. M.
Telefon: (0 18 05) 97 20 10 *
Telefax: (0 69) 97 20 10-50
www.verbraucher.de
* Festnetzpreis 0,14 €/Minute
  Mobilfunkpreis max. 0,42 €/Minute

**Verbraucherzentrale
Mecklenburg-Vorpommern e.V.**
Strandstraße 98
18055 Rostock
Telefon: (03 81) 2 08 70 50
Telefax: (03 81) 2 08 70 30
www.nvzmv.de

**Verbraucherzentrale
Niedersachsen e.V.**
Herrenstraße 14
30159 Hannover
Telefon: (05 11) 9 11 96-0
Telefax: (05 11) 9 11 96-10
www.vzniedersachsen.de

**Verbraucherzentrale
Nordrhein-Westfalen e.V.**
Mintropstraße 27
40215 Düsseldorf
Telefon: (02 11) 38 09-0
Telefax: (02 11) 38 09-172
www.vz-nrw.de

**Verbraucherzentrale
Rheinland-Pfalz e.V.**
Seppel-Glückert-Passage 10
55116 Mainz
Telefon: (0 61 31) 28 48-0
Telefax: (0 61 31) 28 48-66
www.vz-rlp.de

**Verbraucherzentrale
des Saarlandes e.V.**
Trierer Straße 22
66111 Saarbrücken
Telefon: (06 81) 5 00 89-0
Telefax: (06 81) 5 00 89-22
www.vz-saar.de

**Verbraucherzentrale
Sachsen e.V.**
Katharinenstraße 17
04109 Leipzig
Telefon: (03 41) 6 88 80 80
Telefax: (03 41) 6 89 28 26
www.vzs.de

**Verbraucherzentrale
Sachsen-Anhalt e.V.**
Steinbockgasse 1
06108 Halle
Telefon: (03 45) 2 98 03-29
Telefax: (03 45) 2 98 03-26
www.vzsa.de

**Verbraucherzentrale
Schleswig-Holstein e.V.**
Andreas-Gayk-Straße 15
24103 Kiel
Telefon: (04 31) 5 90 99-10
Telefax: (04 31) 5 90 99-77
www.vz-sh.de

**Verbraucherzentrale
Thüringen e.V.**
Eugen-Richter-Straße 45
99085 Erfurt
Telefon: (03 61) 5 55 14-0
Telefax: (03 61) 5 55 14-40
www.vzth.de

Stichwortverzeichnis

Impressum

Herausgeber

Verbraucherzentrale Nordrhein-Westfalen e.V.
Mintropstraße 27, 40215 Düsseldorf
Telefon: 02 11/38 09-555
Telefax: 02 11/38 09-235
E-Mail: publikationen@vz-nrw.de

Mitherausgeber

Verbraucherzentrale Baden-Württemberg e.V.
Paulinenstraße 47, 70178 Stuttgart
Telefon: 07 11/66 91-10, Telefax: 07 11/66 91-50
E-Mail: info@vz-bawue.de

Verbraucherzentrale Hamburg e.V.
Kirchenallee 22, 20099 Hamburg
Telefon: 0 40/2 48 32-0, Telefax: 0 40/248 32-2 90
E-Mail: info@vzhh.de

Verbraucherzentrale Bundesverband e.V.
Markgrafenstraße 66, 10969 Berlin
Telefon: 0 30/2 58 00-0, Telefax: 0 30/2 58 00-2 18
E-Mail: info@vzbv.de

Text: Thomas Hammer, Ötisheim

Fachliche Betreuung: Thomas Hentschel, Düsseldorf

Koordination: Wibke Westerfeld (5. Auflage)

Lektorat: MENDLEWITSCH//TEXT/BUCH/KONZEPT, Düsseldorf

Illustrationen: Jens Bonnke, Berlin

Gesamtproduktion: HPPR Werbeagentur, Neuss; www.hppr.de

Titelkonzeption: Ute Lübbeke, Köln; www.LNT-design.de

Titelfoto: beermedia, fotolia.com

Druck: Stürtz GmbH, Würzburg

Redaktionsschluss November 2013

Die Ratgeber der Verbraucherzentrale: Unabhängig. Kompetent. Praxisnah.

Alle Bücher finden Sie unter www.verbraucherzentrale.de

Kauf eines gebrauchten Hauses

Der Hauskauf aus zweiter Hand hat einige Vorteile: Das gebrauchte Haus kann man im fertigen Zustand besichtigen, mit anderen vergleichen und man kann unter Umständen auch schneller einziehen. Unser Ratgeber unterstützt Sie mit zahlreichen Checklisten bei der gründlichen Gebäudeprüfung, der Ermittlung des Sanierungsbedarfs und der Einschätzung des Kaufpreises.

1. Auflage 2013, 240 Seiten, 19,90 €

Richtig bauen: Ausführung

Der Traum von den eigenen vier Wänden kann für Bauherren schnell zum Albtraum werden: Behörden stellen sich quer, der Bauablauf verzögert sich, Kosten explodieren. Um Probleme zu vermeiden, begleitet der Ratgeber Bauherren von der Einrichtung der Baustelle bis zur Fertigstellung – mit Checklisten für alle Gewerke und zahlreichen Arbeitsvorlagen.

4. Auflage 2012, 264 Seiten, 19,90 €

Kostenfallen beim Immobilienkauf

Ob Haus- oder Wohnungskauf, ob neu oder gebraucht: Außer den allseits bekannten Nebenkosten wie Notargebühren oder Grunderwerbsteuer lauern zusätzliche Kostenfallen. Dieser Ratgeber ist unverzichtbar für alle potentiellen Haus- und Wohnungskäufer! Muster-Fragebögen helfen Ihnen, Immobilienanbieter gezielt nach typischen fehlenden Leistungen zu fragen. Checklisten geben Ihnen Auskunft darüber, welche Kosten sich in welcher Höhe hinter den fehlenden Leistungen verstecken und welche Alternativen es gibt.

1. Auflage 2012, 240 Seiten, 12,90 Euro